バレンツ海
カラ海
ハタンガ川
エニセイ川
ニジニャヤ・ツングスカ川
ペテルブルク
モスクワ
カザン
エカチェリンブルク
エニセイスク
アンガラ川
クラスノヤルスク
バイカル湖
バルナウル
イルクーツク
ネルチンスク
キャフタ
イルティシ川
モンゴル
黒海
カスピ海
アラル海
アム川
中国
黄河
揚子江
ガンジス川
アラビア半島
インド
紅海
アフリカ
アラビア海
ベンガル湾
メコン川
JN022590

世界探検全集—04

カムチャツカから アメリカへの旅

Reise von Kamtschatka nach Amerika mit dem Commandeur-Capitän Bering

Georg Wilhelm Steller

ゲオルク・ヴィルヘルム・シュテラー

加藤九祚 訳

河出書房新社

①天然の良港として知られる、カムチャツカ州のアワチャ湾
(Pavel Chepelev / Shutterstock.com)

②犬橇を駆るカムチャダール。あらかじめ橇の進路の雪を踏みかためている(クラシェニンニコフ『カムチャツカ誌』より)(左頁：上)
③カムチャダールの冬期の住居。板床の上で女性たちが、さまざまの仕事をしている。図中央の階段を通って外に出る(クラシェニンニコフ『カムチャツカ誌』より)(左頁：中上)
④火をおこしているカムチャダール。木と木をこすり合わせて発火させている(クラシェニンニコフ『カムチャツカ誌』より)(左頁：中下)
⑤魚の加工。カムチャダールが獲れた魚を加工している様子。右方の二人は焼け石を水の入ったたらいに入れて、お湯をつくっている(クラシェニンニコフ『カムチャツカ誌』より)(左頁：下)

⑥カムチャダールの母子（クラシェニンニコフ『カムチャツカ誌』より）（上右）
⑦冬のワンピースを着たカムチャダール（クラシェニンニコフ『カムチャツカ誌』より）（上左）
⑧18世紀半ばごろのアワチャ湾（クラシェニンニコフ『カムチャツカ誌』より）（下）

ナビゲーション

イヌイットの哲学とシュテラーの科学

角幡唯介

北海道出身の私にとって、北方の凍てつく僻地は小さい頃からどこか馴染みのある存在だった。それはたぶん単純な話で、道路のいたるところに北方領土返還を訴える看板が立っていたことが理由だったのではないかと思う。北方四島をふくめた千島列島は、私にはもっとも身近で、それだけにもっとも謎めいた〈異国〉であり、その感覚はいまも道民の多くが共有するものなのではないだろうか。

大学探検部でこの世界に足を踏み入れてから、私は何度か北方世界への旅を計画した。私が在籍したのは東京の私立大学の探検部だったが、どういうわけか案外北方系の辺境に強く、夏の知床(しれとこ)半島の初縦断や国後島(くなしりとう)最高峰のチャチャヌプリ登頂といった実績があった。探検部一年目の冬に先輩たちに連れられて、厳冬期の北海道の山々をスキーでわたり歩いたときの隊長が国後や樺太に遠征したことのある札幌在住者で、彼から千島への思いを聞かされていたことも大きかった。そんなこんなで、いつしか私のなかでは北方への思いがつのっていった。

　私のなかで千島よりもっと謎めき、そして気になる場所がカムチャツカであった。地球儀や世界地図を見るたびに子供時代の私は、千島列島の先にある、日本列島を丸呑みしそうなほど巨大な半島に目を吸いよせられた。そのスケール、攻撃的な形状、雪と氷と森以外は何もないのだろうと思わせる北方独特の虚無的イメージが、不可思議な求心力をもって私の心をとらえた。

　探検部二年目のとき、私はカムチャツカ川の下降と最高峰クリチェフスカヤの登頂を目的にした探検を企画した。当時、たしか飯田橋のあたりにカムチャツカとの文化交流を目的にした民間団体があり、事務所をたずねて情報提供していただいた記憶がある。また、ベーリングの名前もまったく因縁がないわけではなかった。というのも、私の探検部の創部以来の悲願のひとつにベーリング海峡横断というのがあり、強面のＯＢたちと会うたびにベーリング、ベーリング……と譫言のように聞かされていたからだ。

結局、色々あって私のカムチャツカ探検は実現しないまま消えたし、ベーリング海峡にも行ったことはない。現地人ガイドが同行しないと旅ができない、というロシア特有の旅行事情の煩わしさや、ヒマラヤの謎の川とよばれたチベットの峡谷地帯のほうにより探検的な魅力を感じるようになったことが主な理由だ。でも、だからといって、私のなかの北方指向がそれで消えてなくなったわけではなかった。というよりも、その後それは爆発し、千島やカムチャツカを飛び越え、もっとはるか北辺にあるカナダやグリーンランドの超極北地域でもう十年以上旅をつづけている。

北極旅行の専門家となったいま、あらためてシュテラーのこの探検記を読むと、私なりに気づくことがある。

本書の最大の特徴は著者であるシュテラーが、隊を企画した隊長ではなく、隊付きの外科医、つまり科学者だったことだ。しかもただの科学者ではなく、天才的な観察能力と分析力をもち、かつ（訳者解説によれば）性格的にとても激しいものを秘めた、大変癖のつよい人物だったという。

シュテラーは海や山や大地や動物を観察し、それを詳細に記述するだけで満足するような凡百の科学者ではなかったようだ。観察結果を論理的に分析し、現状を客観的にとらえたうえで、目的を達成するために必要な指針を導きだし、しかもそれを将校たちにずけずけと直言することのできる、肝のすわった人物であった。ところが将校のほうには彼の進言を聞き入れるだけの度量がない。階級のちがいからか、あるいはシュテラーの攻撃的な性格が鬱陶しがられたのか、そのへんはよくわからないが、いずれも彼の意見は取るに足らないものとして一顧だにされなかったのである。そしてこうした将校の態度にシュテラーは罵詈雑言をあびせている。

一見、個人的なものに思えるこの対立のなかに、じつは当時の大規模極地探検隊が共通してかかえたある種の構造的欠陥があるのではないか。本書を読みながら私が考えていたのは、そんなことだった。

環境の条件やその時点での状況を正確に読みとろうとするシュテラーの姿勢は、私には、グリーンランドでつきあっているイヌイットたちの考え方とおなじものに思えた。

イヌイットの行動指針は〈ナルホイヤ〉あるいは〈ヒダ、ナーラガー〉という言葉に象徴される。前者は〈わからない〉、後者は〈天気が決める〉という意味である。たとえば彼らに明日、明後日の予定を聞くと、ほぼ百パーセント「ナルホイヤ（わからんね）」と一蹴される。そして「明日のおれの行動を決めるのはおれ自身ではなく天気である。天気はそのときにならないとわからないのに、どうしてそんなことを聞くのだ」と戒（いまし）められる。

骨の髄まで効率主義にそまった現代のわれわれの目には、「わからない」と連発する彼らの姿がどうしても投げやりでいい加減に見える。しかし彼らが頻繁にナルホイヤと口にするのは、決して適当な民族性ゆえではない。そうではなく、〈ナルホイヤ〉という言葉は、じつは自然にたいして謙虚でなければいけないという狩猟民独特の生のモラルなのである。

近代以降の文明人は収集した情報から未来のことを予期し、それをもとに計画をたてようとする。そういう思考回路が生来インストールされているのだから、ある意味仕方がない。しかし厳しい自然環境のなかでは、このような思考回路は判断をあやまらせる可能性がある。なぜなら自然は渾沌（こんとん）としており、つねに予期を裏切る動きをするからだ。

千変万化する渾沌のなかで最適な判断を下すには、そのときどきの状況を読み解き、その瞬間でのみ適用される唯一無二の選択肢を見つけなければならない。ところが〈計画〉的発想は、こうした姿勢とは相反する宿命をかかえている。なぜなら、人間というものはひとたび計画をたてると、どうしてもそれにひきずられる傾向があるからだ。計画通りにいかないと不確定要素が増大し、不安になるため、現実を無理矢理計画のほうにあわせてしまうのである。そして結果的に現実を無視し、切りすてるというあやまった判断におちいる。

自然のなかで最適解を見つけるためには、計画するのではなく、むしろ計画するという発想そのものをすてないといけない。意識的にナルホイヤ的態度を保持し、ぎりぎりまで判断を保留し、外の世界を観察する態度をつらぬくことが必要なのだ。〈ナルホイヤ〉や〈ヒダ、ナーラガー〉は単に〈わからない〉とか〈天気が決める〉という投げやりな意味ではなく、もっと積極的な、そうでなければならないという、イヌイットたちの生の哲学をさす言葉なのだ、と私は理解している。

そして、このイヌイットの哲学は、いま目の前の状況にたいして柔軟でなければならないという点でシュテラーの科学的態度と一致しているのである。

常識や固定観念をすて、流動し、とどまることのない目の前の事物、事象にむきあい、そのうえで明日の予定を決めること。私の内部を空白にし、周囲をとりまく自然の諸要素が、空洞となった私の内部を満たすこと。それが自然のなかでうまくたちまわるコツであり、自然を真に理解する唯一の道である。

私がイヌイットの行動原理から学んだのはそのことだったし、シュテラーがこの本で主張していることもおなじだと感じた。海や大地や動物たちが発するメッセージをしっかりうけとめ、それを次なる行動にいかすこと、それが探検を成功に導く唯一の道である。シュテラーはおのれの科学的信念にしたがい、このような直言をつづけたのだ。だが、計画や指示系統といった硬直化した官僚システムの方法論にしばられた将校たちは、彼の意見に耳をかたむけることができず、結果的に多くの隊員が死亡する事態をまねくことになった。

ただ、これは何もベーリング隊にかぎった話ではない。十八世紀から十九世紀にかけて北極や南極では英国のフランクリン隊やスコット隊、米国のグリーリー隊など多くの探検隊が同様の失敗を飽くことなくくりかえし、そのたびに死屍累々（しし るいるい）の山を築いた。無論、その直接的な原因は極端に悪化した気象条件だったり、まだ科学的に解明されていない壊血病にあったりしたわけだが、それとは別にベーリング隊の将校とおなじ融通のきかない計画優先の姿勢がその背景にあったのではないだろうか。

手段をえらばず、大量の物資と人員を投入し、未知の白地図をブルドーザーのように押し流して無理矢理海岸線をひこうとした近代という時代。そうした近代的なものが自然とのあいだにひき起こした必然的な軋轢（あつれき）を、この探検記から読みとることは不可能ではない。

角幡唯介（かくはた・ゆうすけ）

一九七六年、北海道芦別市生まれ。探検家・作家。早稲田大学政治経済学部卒、同大学探検部ＯＢ。二〇〇三年朝日新聞社入社、〇八年退社。著書に『空白の五マイル』（開高健ノンフィクション賞、大宅壮一ノンフィクション賞、梅棹忠夫・山と探検文学賞）、『雪男は向こうからやって来た』（新田次郎文学賞）、『アグルーカの行方』（講談社ノンフィクション賞）、『探検家の日々本本』（毎日出版文化賞書評賞）、『漂流』、『極夜行』（Ｙａｈｏｏ！ニュース　本屋大賞２０１８年ノンフィクション本大賞、大佛次郎賞）、『犬橇事始』など。

目次―世界探検全集04―カムチャツカからアメリカへの旅

カムチャツカの住民　С・П・クラシェニンニコフ

世界探検全集04—カムチャツカからアメリカへの旅

カムチャツカからアメリカへの旅

G・W・シュテラー

一七四一年五月二九日から八月末日まで

大探検への出発　一七四一年五月末、アメリカに向けての航海に必要な準備がいっさい完了したので、聖ペーテル号と聖パウェル号という二隻の帆船(パケット・ボート)は、五月二九日、出航に好都合な順風を待つため、アワチャ湾〔今のペトロパウロフスク港〕の外港に錨(いかり)をおろした。私の乗船した聖ペーテル号には、隊長としてのキャプテン・コマンダーのベーリング、ワクセル中尉、艦隊マスターのヒトロフ、舵手ヘッセルベルグ、舵手補佐ユージン、外科医補佐ベトゲ、管理官補佐ロセリウス、護衛係(グァルデ・マリン)シンド、掌帆長(しょうはんちょう)ニールス・ヤンセン、航海士補佐ホチャインツォフ、経理係ラグノフ、測量係プレニスネルのほか、船員、兵隊、船員見習いとして採用された五人のカムチャツカ・コサックの息子たち、通訳、カムチャツカ海岸の各地をよく知っているとされている人びと〔この中の一人は私の従者となった猟師〕、ワクセル中尉の息子〔一二歳〕を含めて総数七六人が乗組んでいた。

　もう一隻の帆船(パケット・ボート)、聖パウェル号にはチリコフ大尉、チハチェフ中尉、プラウチン中尉、天文学教授デリル・ド・ラ・クロイエル、艦隊マスターのデメンチェフ、舵手エラギン、護衛係一名、経理係一名、外科医補佐ラウ、船員、兵隊、カムチャツカ・コサックの息子たちなど合計七六人が乗組んだ。

六月四日――午前九時頃、われわれはついにアワチャ湾から外洋へ乗り出し、順風と好天にめぐまれて本格的航海に入った。われわれは南西風および南南西風のもとに、はじめ東南東および南東へコースをとった結果、八日間の航海の後、つまり六月一一日、アワチャから一五五オランダ・マイル〔一オランダ・マイルはふつうの四マイル〕、北緯四六度四七分の位置に到達した。

六月一二日――われわれははじめて、南方または南東方に、かなり明らかな陸地のしるしをみとめた。海面はまったくおだやかであったが、その上にさまざまな海草が浮かんでおり、一度など大量のものがわれわれの船のまわりに押し寄せてきた。とくに目立ったのはシー・オーク quercum marinum で、本来これは海岸からそう遠くはなれることなく、潮の干満によって岸へもどされるものである。またわれわれはカモメ、それも大きなカモメ Diomedea exulans、カムチャツカでイシガモ Anas histrionica を見たが、これらの鳥は陸地から遠い外海ではけっして見られないものである。これらいっさいのことから推して、当初のコースをそのままつづければ、まもなく陸地に達するものと考えられた[1]。しかしながら、期待する最終目的達成のために理性的に行動しなければならないこのとき、まさにこのとき、士官たちのでたらめな行動が開始されたのである。彼らは、船乗り以外の人の言うことを馬鹿にして笑いとばした。彼らは航海術だけでなく他のあらゆる学問や理論をマスターしたかのような態度をとったのである。

そして一両日のうちに探検隊の計画の成否が決定されようとしたとき、進路は突然北へ転ぜられたのである（このためにどれほど多くの日数が無駄に費やされたことか）。ここでわれわれははじめて軽い暴風に見舞われ、最初の不幸に出会ったのである。すなわちチリコフの指揮する僚船聖パウェル号が濃霧のためにわれわれの船から離れ、それ以後、航海の全期間を通じてついに出会うことはなかった。そして、ほとんど船室にこもりきりであったベーリング隊長が、北方で陸地らしいものを見たという話をまったく無視するようになったのもこの時期からである。そして帰路の八月二四日、驚いたことに北緯五一度の線で陸地が見え、後悔の言葉をきいたのはもはや後の祭りであったのである。船の進路から見て、この陸地こそはチリコフの船が失われた地点であろうと思われた。そして数人の人がその陸地を目にしたと考えたが、士官たちが誰一人これを見なかったという理由で、その報告は無視されたのである。彼ら士官たちはその頃、陸地沿いにできるだけ遠くへ航海し、遠方に行って多くの苦しみを味わったことを誇りにしたいと考えているように見うけられた。

われわれはさらに数日間僚船をさがしまわったが結局徒労に帰し、またさがせるという見込みもなかったので、五〇度から四六度へ、この海域で聖パウェル号またはカムパニー・ランド Compagnie land を見出せるかも知れないということで、南下した。

しかしながらいずれの期待も徒労に終わった。カムパニー・ランドは予定された海域にないことがふたたびはっきりし、それがニュルンベルクの地図製作者〔ヨハン・バプチスト・ホーマン〕の想像の産物であるとの結論に達した。それが実際に存在するならば、われわれの船かシュパンベルグの

1　シュテラーのこの議論は誤っている。六月一二日以後南東にいくら航海しても、陸地につきあたらないことは地図を見ても明らかである。海軍士官の判断の方が正しかったわけである。

船がかならず見つけたはずだからである。人びとがこの馬鹿げた誤りを明らさまに認めないことは、われわれの航路がカナダ東方の海〔太平洋〕を航海していると主張したり、カントンが北緯四五度にあるとかマルディヴ諸島〔インド洋の島々〕が地中海にあると主張したりするのと同じである。船の幹部たちはやっとのことでカムパニー・ランドの探求をあきらめ、六月一八日、東方へ、そしてやや北方へ船首を転じた。それは経度にして二―三度につき、緯度にして一度の割合であった。

　われわれは数日間このコースを航海し、ふたたび五二度の線に達したとき、ふたたび、われわれのそう遠くない北方に陸地の存在することを示す多くの徴候が見えはじめた。われわれはこうした状態で七月一八日まである四週間航海したが、この日、はじめて陸地を確認したのである。このときわれわれは北緯五九度と数分、アワチャから五〇〇オランダ・マイルの地点にあった。

　四週間にわたるかくも長距離の航海について、私がごくわずかしか記述しなかったことを、人びとは理解できないかも知れない。その理由はつぎのようなものである。順風と好天候にめぐまれ、毎日空と海しか見えるものはなく、士官たちが、「カムチャツカとアメリカとの間はせまい海峡で分かれていると思っていたのに、こんなにも遠いとは驚いた」と言っている会話をきくのがせいぜいだったからである。それに、至極当然で時宜を得た提案でも、不遜な態度でなんでも拒否する士官たちは、何事でも一言半句の抗弁もなしに服従するコサック兵やみじめな流刑囚をこき使って、ヤクーツクからオホーツクまで糧秣（りょうまつ）でも運んでいるような態度をとりつづけていたので、私も他人と同様に長い間口を閉ざしていたのである。何事であれ、われわれが観察し、全体の利益のために討論することが有意義と見えることについて、士官たちの返答はいつも定まっていた。「あなたはなにも理解できない。あなたは海員（ゼーマン）ではない。あなたは神の会議室にいるわけではない」（Sie versteben es nicht ; Sie sind ja kein Seemann ; Sie sind nicht in Gottes Rathstube gewesen !）

そして私ははじめて、つぎのような悲しむべき事がらを目にした。すなわち、細心の注意と多くの出費、資材を提供された有意義な大事業でも、結局において当初もくろんだ結果よりもはるかに貧弱な結果に満足せざるを得ないことがしばしばである。またこれと反対に、はじめはごく小さいことでも、みんなが言葉と行為において熱心に協力し、私利私欲をいっさいなくしてかかった場合には、結果において、前もってつぎこんだものの一〇〇〇倍もの利益が得られる、ということである。われわれの士官の多くは、一〇年もシベリアに住んでいる間に、気ままに生活し、無知な民衆からの迎合的な言辞に慣れ、自分自身を見失い、なにか彼らの知らないことを少しでも言おうものなら、いたく侮辱されたと考えるようになった。シュパンベルグの態度も、このことのよい証明になっている。彼は科学アカデミーからの代表者の前で同様にふるまったのである。

われわれがすでに久しい前から陸地に接して、あるいはそれに沿って航海していると私は結論したが、その根拠をわれわれの士官たちに何度も示したけれども信じてもらえなかった。私はその根拠を理性ある読者諸氏に提示してみたいと思う。われわれはしばしば、ときには大量に、北方から海草類、とくにシー・オーク（Quercus marina）が流れてくるのを見た。これは二ないし三フィートの深さで岩の上に生える Alga dentata Raji である。Fuci membranacei calyciformes がすでに割れていた。これはそれがある期間海岸にあったものが、海流によってふたたび押し流されたことを示すものであった。Fucus clavae effigie は水面下一尋（ファデン）〔一尋は六フィート〕で生育するが、カムチャツカ周辺では見られないものである。また Fucus Lapathi sanguinei foliis Toure が見られた。これはたいへんしなやかなため、長い間海面に漂う間に細かく裂けたり、付近に多い海獣に食べられたりするものである。われわれは赤または白のイソギンチャク（Priapi Lin.）を見た。これは少なくとも水深五―六フィートの岩にくっついて生えるものであり、私のペンジナ海での経験によれば、海岸から一五―二〇マイルのところまで近づかないと見られないものであった。さらに、船のそばをカムチャツカと同じヨシ Schilfgras が大量に流れていた。これは海岸の近いことを示すまぎれもない証拠であった。というのは、この草はカムチャツカとアメリカの海岸沿いに生えるもので、海岸から直接に海流によってわれわれの方に流れてこなかったとすれば、その茎がなめらかなため、ずっと前から散りぢりになっていたにちがいない。日を追い時を追って多くなってくる他の植物についても私の日記に記されているが、ここでいちいち掲げるのをやめよう。

陸地の近いことが、理性的に、明白に、しかも忍耐強く士官たちに提示され、できるだけ早く陸地に近づくため進路を北に向けるように助言され、隊長ベーリングもそれに同意していた。しかし隊長は数的に多い他の士官の意見にうち負かされ、自分の地位とオーソリティにもかかわらず、また自分もそう思っていたけれども、私が海事を知らないものだとして、私の意見をとりあげなかった。そこでベーリングは、私がさきにあげたような現象を判断する能力をもたないと答えた。大部分の海に植物は生えているというのだ。

これ以上、私になにが言えよう。私は、ケープ・ウェルデ Capo verde やバーミューダ諸島の近くにこうした植物が見られ、私はその植物名を知っていることをつたえたが、これも無駄であった。

私はまた、こうした植物が、太陽光線の影響による海水の相違によって南と北では質がちがうこと、最後に、この植物の性質がいかなるもので、それがどのようにして分布したかを知っている、と語った。

海に流れがあると主張すれば、人は信じないかも知れない。しかしそれは確かにある。われわれは、風の方向とは逆の方面から、つまり南西風および南東風のときでも、北方からわれわれの方へさまざまな漂流物が流れてくるのを観察した。この事実を信頼しないと、航海において重大な失敗を招くことになる。二大陸間という遠距離の場合には、その誤差は非常に大きいものになる。後に、帰路においては、船員たちは、往路においてどんなに島々に近いコースを通ったかを目のあたりに見たはずである。また海流が確かにあるのに、それを計算に入れていなかったことを知ったにちがいない。

われわれのコースが陸地からあまり遠く離れていなかったことについては別の証拠もある。すなわち、外海ではふつう見られないような海獣にしばしば出会ったのである。周知のようにアザラシ Seehund の心臓にはいわゆる foramen ovale または ductus arteriosus Botalli が開かれており、そのために長時間海中にとどまることができ、魚類を食するものとして、陸地からかなり離れた海でその食糧を確保することができるのである。しかしこの動物が陸地から一〇マイル離れることはあるが、二〇マイルを越えることはないのである。われわれはこの動物をしばしば目にしたのであるから、陸地の近いことは容易に推定し得る。

さらに強力な証拠は、カムチャツカ・ビーバ Seebiber またはラッコ Seeotter の頻繁な出現である。

この動物は甲殻類〔カニ・エビなど〕に依存しているが、その心臓の構造が、空気を吸うことなしに二分以上水面下にとどまれないようになっているため、海岸から近いことを余儀なくされている。というのは、この動物は六〇ないし一〇〇尋（ファデン）〔一尋は六フィート〕よりも深い海底では餌を見つけることができないからである。これらのことから、陸地の近いことは疑いないとの結論が生まれる。そして私は、アメリカはカムチャツカ対岸の東方、北緯五一—五六度の間にあると考えた。またカムチャツカではラッコがこの緯度にのみ見られ（したがってその海がラッコ海 Bibermeer とよばれている）、その北方にもその南方にも見られないという事実に注目したのである。そうでなければ、ラッコがどうしてオリュトラ海付近の北緯五七—五八度以北、あるいははるか南方のクリル列島付近の北緯四九—五〇度で見出されないかということの説明がつかない。しかもアメリカにおいては、われわれはほとんど北緯六〇度、セント・エリアス岬の近くでこの動物に出会うのである。また、それはアメリカ海岸の一〇度付近でも、さらにはマルグラフ Marggraf が書いているようにブラジルにおいてさえも発見されている。ラッコが本来アメリカの動物であって、カムチャツカへは新来者であることがこれによって知られる。この動物は、海域の広さと餌の欠如のために、またそれ自身の構造によって、北緯五六度以北および五〇度以南に広まることはできない。ただ、いわゆるラッコ海の場合は、陸地間の直線距離が二〇マイルを越えず、飢えることなしに三六時間でカバーできるのである。

われわれはまた、しばしば、とくに六月に、カモメの大群が海上におりているのを見た。この鳥はつねに海岸から離れず、陸地や河口に近づいてくる魚はそれに豊富な餌を提供していた。われわれは、このカモメがわれわれの視界から消えるまで、つねに北方または北西方へ飛ぶのを見た。したがって、霧のために数マイル先も見えないとはいえ、順風に乗って北へ二時間も航海すれば陸地に達し、われわれの壮図を遂行できるとの判断に至らしめることはたいへん容易であり、また必要なことであった。

私は人びとをしてこの判断に至らしめるための十分な機会を何度か失った。私が行をともにしている他の探検隊員たちは、探検記に見られるような注意深さや周到さとは反対に、きわめて明白な徴候も看過し、無視したのである。その結果として、われわれはアワチャ湾を出発してから六週間後に陸地に到達した。もしも人びとが、陸地が近いという上記の諸徴候に注目し、予定のコースを北東方へ航海したならば、われわれは三―四日間に、最悪の場合でも一〇日間で陸地に達したことであろう。事実、陸地がはじめて明白に視界に現われたのは七月一六日の木曜日であった。もしも七月二〇日までに陸地が見えなければ、飲料水が半分以下になったため、アワチャ湾に引き返すことになっていたのである。

われわれが陸地を見たのは七月一五日であったが、私がそれを最初に知らせたことと（私が言うことは信用されにくい）、陸地の輪郭が議論の余地のないほど明白ではなかったことから、それが無視されたのである。翌日、天気がよく視界がきいたので、前日とほぼ同じ位置にそれが見えたのである。陸地はわりあい高く、山脈が走っていて、一六オランダ・マイルの距離からも明白にながめられた。私はシベリアやカムチャツカを通じて、これよりも高い山脈を見たことがない。海岸は出入が多く、湾や入江が多数見られた。

すべてについて真実を語り、なにものにもとらわれない記述をすると宣言した私としては、権威すじから注意されるかも知れず、事実とは異なる解釈をされるかも知れない一事情についても黙ってしまうわけにはいかない。熱望していた陸地をついに見ることができたとき、どんなにうれしいものか、人びとは容易に推察できるであろう。探検隊員たちは一人残らず、この発見にもっとも深くかかわっている隊長ベーリングに祝福の言葉をよせた。しかし彼はその言葉にたいし、まったく無関心で無表情な態度を示しただけでなく、陸地を見ている間、全員の前で肩をすくめてみせた。

Man kann leicht errathen, wie freudig alle und jede gewesen, da man endlich das Land erblickte; niemand unterließ dem Herrn Capitain-Commandeur, dem der Ruhm der Entdeckung am meisten angieng, von allen Seiten Glück zu wünschen. Dieser aber hörte nicht nur alles sehr gleichgültig und ohne sonderliche Freude an, sondern zuckte sogar, in Gegenwart aller, nach dem Lande sehend die Schultern:

隊長は、自らが生き残り、部下の士官たちの誤った行動にたいしてなんらかの注意をしたいと考えたかも知れない。士官たちはそれにたいして、隊長の指揮についてなんらかの指摘をする用意があったかも知れない。しかし善良な隊長は未来を見る眼において彼の部下の士官たちよりもはるかにまさっており、船室において私とプレニスネルに向かってつぎのように語った。

「われわれは今、自分たちがすべてを発見し、順風満帆のように思っているが、われわれの発見した陸地がどこであり、故国からどのくらい離れており、今後なにが起こるかをあまり考えていない。突然に貿易風が吹きはじめて、われわれの帰還を妨げない、と誰が保証しよう。われわれはこの陸地を知らないし、また越冬用の食糧も確保していないのだ」

Wir meinen nun, wie haben alles gefunden, und gehen viele mit großen Winden schwanger, aber man bedenkt nicht wo wir das Land angelaufen, wie weit wir nach Hause haben, und was sich noch zutragen kann; wer weiß ob nicht Passatwinde einfallen, die uns nicht zurück lassen. Das Land kennen wir nicht; mit Proviant zum überwintern sind Wir auch nicht versehen!

われわれが陸地のそばにいる現在、自負心にみちた争いや未来の報酬、パセティックな話を聞くことは悪いものではない。一部のものはただちに接岸し、港をさがそうとした。また他のものは、それが危険であると主張した。しかし彼らはそれぞれ勝手なことを言うだけで、隊長に進言しようとはしなかった。陸地では、われわれがつまらないことでも行なう会議なるものは、一〇年にわたるカムチャツカ探検の決算をしようとする重大事のとき、まったく無視された。そしてこのことは無理からぬことであった。というのは、われわれは同じ船に乗っているということのほかには相互に共通するものはないし、結び合わせるものもないからである。

七月一六日以後は、それ以前の六週間に比べて注目されるべきことが多いので、これからは毎日の出来事について記録していこうと思う。

七月一七日——微風になったので、われわれは船をゆっくりと陸地に近づけた。一八日の夕方には、海岸まで下りている見事な森林や内陸の山麓(さんろく)に広がる平地などを大きな喜びをもってながめられるまで、岸に近づいた。海岸そのものは平らで、少なくとも見えるかぎりでは砂質であった。われわれは陸地を右手において、高い島の背後に出るべく北西方へまわった。その島はエゾマツ Tannen waldung におおわれた一つの山からなりたっていた。この移動は、風が逆風であったため、細心の注意をもってなされ、つぎの日の夜までつづけられた。

七月一九日――日曜日、われわれは島の北西端対岸、二マイルの位置にあった。この朝、ふたたび小さな争いがもち上った。われわれは一日前からすでに、陸地と島との間に海峡があることに気づいていた。そして私は、そこには陸地の方からかなり大きい川が流れこんでいることを知った。それは岸から二マイルの地点からも観測できた。というのは、浮かんでいる物体によっても、また塩分が少ないことによっても知られたからである。したがって私の意見は、この海峡の中に入る試みをしたらどうか、そこの方が二〇日の日の停泊予定地よりもさらに投錨地として安全ではないか、ということであった。水面下九フィートのわれわれの船のために、河口は広さでも深さでも十分であり、よい港になるのではないか。しかし私が得た返答はつぎの通りであった。

「あなたは以前そこに行ったことがあるのか、そこで確かめたのか」

しかし確信のもてないときには、わずかな徴候でもあれば、まったく理由なしに、ただ成功を信ずるだけで行なうよりはましではないか。

この日は島に近づくために、遠くから見える大きな湾および風下に入るために費やされた。しかし二〇日月曜日、島の多い海面に投錨するには万全の注意がはらわれた。この日は聖エリアスの日だったので、いちばん外側の岬はセント・エリアス岬 Cap Elia, Cape St. Elias と名付けられた。というのは、士官たちはその地図上になにはともあれ岬を欲したからである。本来は、島は岬ではなく、海に長く突出した陸地のことを岬といい、ロシア語のノース（鼻）もその意味であるが、セント・エリアス岬の場合は、分離した頭または孤立した鼻なのである。

今や秩序をもって、この島でなすべきこと、島の事情を調べるために時間を有効に生かすため熟慮することが必要であった。また時間と食糧を考慮に入れて、島の調査を今実行するのか、ここで越冬するのか、それとも今直ちに帰還の途につくのか、を決定する必要があった。しかしこれらの問題について検討するための会議らしい会議はまったくなく、各人は黙って勝手に行動するだけであった。しかし、ただ一点についてのみ意見が一致していた。すなわち飲料水を補給する必要がある、ということである。そこで私は、われわれはアメリカの水をアジアへ運ぶためにここまできたのか、との言葉を抑えることができなかった。Daher ich mich nicht euthalten konnte zu sagen, wir wären nur um Amerikanisch Wasser nach Asien überzubringen gekommen.

それから、つぎのことが決定された。水運搬のためには小さな船載ボートを使い、わりあい大きいボートには武装した人びとを乗せて、もっとも適任と考えられるヒトロフの指揮下で島の調査をすることになったのである。私は、ヒトロフとてすべてを知っているわけではないから、私をそのグループに加えてほしいと願い出、ヒトロフもそれを要望したが、それは拒絶された。私ははじめ、上陸すれば殺害されるとおどされた。しかし私は、自分が危険を恐れるような人間でないことを強調し、私の上陸が許可されない理由が納得できないと繰り返した。ましてや私にとって、この調査は主要な任務、職業、義務であり、過去におけると同じように未来においても自分のベストをつくすことは私の固い決意であるのだ。そして、私は、私のこの意図がどうしても許されなければ、このことを適当な表題のもとで〔ペテルブルクに〕報告するつもりだと言った。

これにたいして人びとには、私がすでに目前に用意されたチョコレートに目をつぶり、自分の仕事だけを考える粗野な人間だと言われた。私は、自分の任務遂行を妨げる別の意志があって、それが私を強制しているのだということを知ったとき、ついにあらゆる尊敬をかなぐり捨てて、開きなおって見せた。すると隊長は、私が当番としてつれてきたトマス・レペーヒン一人だけをともなって上陸してもよいとの許可を出した。母船をはなれるとき、私はもう一つの試煉をうけた。すなわち、私に向かってトランペットを吹きならさせ、私がどれだけ誠実にこれを聞き分けるかを試したのである。つまり私はトランペットを聞けば、ただちに服従して引き揚げるべきであった。ここで私は、彼が私になにを確信させたかったかをはっきりと知った。私は私の従者とともに、探検命令書の中の一条を充足しなければならなかったのだ。すなわち、専門的に準備された人の代わりに鉱物資源を探査するということであった。

過去八年の間、エカチェリンブルク〔鉱山〕から専門家を派遣してもらうための要求を忘れ、オホーツクにいた鉱山技師ハルテポルはスパンベルグと同行するためにヤクーツクに送られたため、ベーリングは出発までに彼を同行させることができなかったのである。いろいろな状況から、私は名目的にもしろ、あらゆる問題で優秀性を示し、船医および内科医の代わりをつとめることになった。というのは、アシスタント外科医だけでは探検隊はあまりに貧しいと思われたからである。

この日の出来事は、四つの異なるパーティに関連するものであった。ヒトロフをのぞく全士官を含む隊員の半分は船に残って当直にあたり、からの桶を運び出し、水の入った桶を運びこむ仕事に従事した。私は他のパーティとともに飲料水のために送られた。そして私は可能なかぎり島の調査に従事することになり、残りの人びとは凪の中で働いた。

私は、自分のたった一人のコサックとともに島に上陸したとたんに、自分の自由になる時間がごくわずかであり、それが貴重であることをさとった。そこで、私は、可能なかぎり急いで、少しでも多くのことをするために全力をつくした。私は島に住む人びととその住居を発見するために、奥の方へ入っていくことにした。

私が一ウェルスタ〔露里、約一キロ〕ほど奥に入ったとき、住民とその作ったものの痕跡を見出した。私は木の下で、以前に切り倒された幹に槽（おけ）のようなくぼみがえぐりこまれてあり、住民がほんの二時間ほど前、鍋釜がないために、以前カムチャダールがそうしたように、焼いた石で肉を煮た痕跡がみとめられた。また一部の肉は焚火であぶったらしく、住民たちの食べて捨てた骨があたりに散乱していた。私はこれらの骨を見たが、それは海獣ではなくて陸獣であり、形や大きさからシカのたぐいと思われた。この種の動物は島には見られないから、大陸部の方から持ちこまれたものであろう。このほかユコラ Jukola、すなわち乾燥した魚の切れっぱしが散らばっていたが、これはカムチャツカにおけると同様、パンの代わりに毎食食べられたものにちがいないと思われた。また幅八インチに達する大きなホタテガイの殻が多数散乱していた。ムラサキイガイ blaue Muscheln はカムチャツカのものによく似ていたが、これらは疑いもなくカムチャツカと同様に生のままで食べられたものである。いくつかの貝殻にはカムチャダールと同じ方法で用意された甘い草〔ロシア語でスラドカヤ・トラヴァ〕がみられた。そこに水がかかっているのは甘味を抜き出すためと考えられる。

そのほか私は、木の下の、焚火の跡も新しいところで、木製の発火具を見つけたが、これもカムチャツカで用いられているものと同じであった。ただ火口だけは、カムチャダールが草を用いているのにたいし、この地では泉の苔 Quellenmooß Calga fontinalis を太陽で乾かして白くしたものであった。私はその一部を標本として採集した。こうしたことといっさいから、私は、アメリカ西岸の住民とカムチャダールとは同一起源をもつものと結論し得ると考える。

というのは、カムチャツカにたいへん近い、たとえばツングースやコリヤークのようなシベリア土着民にさえも広まっていない「甘い草」の利用法のような特別なことまでを共通にしているからである。しかしもしそうであれば、アメリカはさらに西方 gegen Westen にさらに広がり、カムチャツカとはちがって、北方ではずっと近いと思われる。というのは、われわれが航海した少なくとも五〇〇マイルという距離にわたって、カムチャダールがその貧弱な輸送手段をもって航海したとは考えられないからである。

私はそこここで切り倒された樹木に出会ったが、鈍器による多くの切り痕から見て、この地の住民はカムチャダールと同じように、石器または骨角器を利用したものと思われた。これはドイツ人が遠い昔に使用し、今日 Donnerkeile の名で知られているものである。

このような短い観察を行なった後、私はさらに三ウェルスタばかり奥へ入った。そこで私は、海岸に接している深い森へ通じる小道を見つけた。ここで私は従者のコサックとともに、一人または数人の原住民に出会った場合どうするかについて打ち合わせた。

また弾丸をこめた銃をもち、ナイフと斧を身につけている彼にたいし、私が命令するまではなにもしてはならないと告げた。私自身は、鉱物や植物を掘るためのヤクート語でパルマという猟刀だけを持っていた。われわれが前へ進んでいるとき、原住民がその道をかくそうとしているのを見た。しかしわれわれの接近が早かったので、道すじはもっと明らかになった。付近には、ごく最近外皮のむかれた丸太が多数ころがっていたが、これは彼らの住居またはアムバル Ambaren〔物置〕に使用されるものであろう。それらはおそらく近くにあると思われた。というのは、われわれの目の届くかぎり、なかなか良好な森がつづいていたからである。しかしわれわれは、何本もの小道のうちの一本をたどると、まもなく切りとられた草でおおわれた一つの穴を見つけた。草をとりのぞくと岩のカバーがあり、その下には長さ三サージェン、幅二サージェンの大きさに樹皮が支柱の上に積まれてあった。それは深さ二サージェンの穴を形成していたが、中にはつぎのようなものが見られた。

（1）編かご Lukoschken または樹皮製のうつわがあった。高さは二分の一エレ〔一エレは五五―八五センチ〕。その中にカムチャツカのサケを燻（いぶ）したものがいっぱいになっていた。これはオホーツクではツングース語でシュチェルカ、カムチャツカでクラスナヤ・ルィバ〔赤い魚〕とよばれるものである。

（2）若干の量のスラドカヤ・トラヴァ〔甘い草〕。この草から酒を醸造する。

（3）アサのような、外皮から繊維をとるためのさまざまな草。私はこれを、この地にもカムチャツカにも多いイラクサと考えている。

（4）乾燥させられ、筒のように丸められたカラマツまたはマツの白木質。これは飢饉のとき、カムチャツカだけでなく、シベリア各地、ロシアのフルィノフおよびヴャトカ付近まで食糧として利用されているものである。

（5）海藻でつくられた大きな縄の束。これは試してみたが、非常に丈夫で固かった。

ここで私は数本の矢を発見したが、寸法がカムチャツカのものより大きく、ツングース族やタタール族のものに似ていた。それは見事に削られ、黒く塗られていた。このことから私は、原住民の間に鉄器およびナイフの存在を推定した。

穴ぐらで襲われるかも知れないという心配はあったが、私は探査をつづけ、魚二たば、矢、木製の発火器、その火口、海藻でつくった縄の束、樹皮、草を集めて従者のコサック兵にもたせて水運搬のところへ送り、隊長ベーリングに届けるように言いつけた。それから私は、自然の調査をさらにつづけるために、二―三名の人をよこしてくれるように頼んだ。

私はまた、海岸にいるものたちに、あまり安心しすぎることなく、十分警戒を怠らないよう注意させた。それから私は穴ぐらに元のとおりおおいをし、私のコサックが戻ってくるまで、注目に値するような自然物〔動物、植物、鉱物〕を調べようと思って、今はまったく一人きりで先へ進んだ。しかし六ウェルスタほど行くと、険しい岩山が浜辺よりまだ先の、はるか海の中まで伸びているところにぶつかり、それ以上進むことは不可能であった。私はその岩山に登ってみることにした。たいへんな苦労の末その頂上に達したが、東側は壁のようにそそり立っており、先に進むのは不可能であることがわかった。そこで私は島の反対側に出られないかと思って南に方向を変えた。反対側に出たら、浜づたいに海峡まで行き、川や港があるはずだという私の説を確かめるつもりだった。しかしその山を下りていくと、暗い密林におおわれていて、道らしいものはまったく見つけることができず、とてもここは通り抜けられそうにないことがわかった。同時に、これではコサックが私を見つけられないだろうということ、他の危険はさておき、夜がくる前に戻れなくなりかねないこと——仲間からのほんのわずかな助けさえあれば、夜など恐れることはないのだが——などを考えて、私はふたたび山に登り、無念な思いで私の調査を妨げた森をもう一度眺めた。このような重要な問題について指揮権をもっている人びとの行動が残念でならなかった。それにもかかわらず、彼らは皆、その地位に対して金と名誉を受けてきたのである。

ふたたび山頂に立ち、もっと実りある形で私の努力を傾注することを許されなかった土地をせめてよく見ようと本土のほうに目を向けると、数ウェルスタ離れたところに、トウヒの森におおわれた美しい丘から煙が立ち昇るのが見えた。そこで私は、住民たちに会い、完全な報告を行なうために必要なデータを彼らから聞くことができるというある程度の望みが湧いてきた。そのため、私は採集物をかついで大急ぎで上陸地点に戻った。早く本船に戻ろうとボートに乗って用意していた男たちを通じて、私は隊長に報告を行ない、小型ヨット〔ヨール〕と数人の人間を二時間ほど貸してほしいと頼んだ。死ぬほど疲れていた私は、その浜辺で、しおれてしまうおそれがあると思われた珍しい植物の図を描き、すばらしい水でお茶を試して大いに楽しんだ。

一時間のうちに、私はまことに愛国的で、丁重な返事を受け取った。私はすぐに乗船すべきこと、さもないと彼らは私を待つことなく、置き去りにしていくというのである。

私はこう思っていた。神は人が命ぜられたことをなすための場所と機会を各人に与えたもう。それによって人は自らの功績を最高の行政当局に示し、長く待たされはするが、女帝（すなわち、国）の経費で自らの運命を切り開いていくことができる――と。しかし現状では、われわれが出発するとき、それが全員にとってロシアの見おさめとなる可能性は十分にある。現在の状況では、われわれが探検の全般的な目的に敵意をもち、それによってわれわれ自身の幸運に敵意をもってきたのと同じように、風や天候が（われわれに対して）敵意を示すようになれば、帰りの航海で神の助けを期待することは不可能だからである。

しかし、今、説得する時間は残されておらず、この土地から逃げ出す前にできるだけ多くのものをかき集めることができるだけであり、また、すでに夕暮れも近づいていたので、私は前に目をとめていた数種の珍しい鳥を撃ってくるようにコサックにいいつけ、一方、私はもう一度西に進み、さまざまな観察と採集物を得て日没に戻ってきた。

ここで私は再び厳命を受けた。今度船に戻らなければ、私のことはもはや無視するというのであった。そこで私は、採集したものを携えて船に戻った。まったく驚いたことに、そこで私はチョコレートを振るまわれた。

私の行為を判定する資格のある人びとを除き、私はだれにも気をつかうにおよばなかったが、それでもいくつかの目的を示し、さまざまな事態についての私の考えを知らせた。だが、その私の考えのうち、人びとに受け入れられたのはたった一つだけだった。つまり略奪に対するいくらかの償いとして、鉄のやかん一個、煙草一ポンド、中国製きせる一本、それに中国絹一枚が穴倉に運び込まれた。もし、われわれがこの地にふたたびくるならば、原住民はいち早く逃れさるか、または自分たちがあつかわれたようにわれわれに敵対的な態度をとるにちがいない。とくに彼らがきせる同様、おそらくその正しいくゆらしかたを知らない煙草を、呑むか、食べるかするようなことがあったらなおさらであろう。その使用法を明らかに心得ている一組のナイフや斧なら、これらの未開の連中にも多くの興味をひきおこしたにちがいない。しかし、これに対して右のような贈り物は、敵意のしるし、つまり、こちらの意向がまるで宣戦布告ででもあるかのように、逆に敵意をもってうけとられかねない。

とくに、もし彼らが煙草を正しい方法でとり扱わなかったならば、われわれが自分たちに危害を加えたいと思ってこのようなものをよこしたものと結論することは、まったくありそうなことである！　他方、われわれはあとで、聖パウェル号のチリコフ船長が贈った二―三本のナイフが、彼ら原住民にどれほど喜ばれたか、また彼らがそれをどれほど欲しがっていたか、ということを知った。

ヒトロフが一五人ばかりの部下と大型ボートで帰船し、そしてつぎのような報告をして一時間もたつかたたないうちに、私も船にいた。彼は、本土の近くに横たわっている島々の中に、何らの危険なく投錨できる停泊地を発見した。その島で彼は人影一つ見なかったが、それにもかかわらず木で造られた小さな住居を偶然見つけた。その小屋の壁は仕上げが非常になめらかだったので、何か工作が施されたのか、事実、刃物を使用したように見えた。ヒトロフは、この小屋の外側からさまざまのおみやげ品をもってきた。

たとえば、木製の容器、これはぼだい樹の樹皮のロシア製のようなもので、箱として使用されたもの、それから石、これは他に適当なものがなかったのでもってきたのだろうが、おそらく砥石として使用されたもので、ここの原住民があたかも古代シベリアの種族のように銅製の刃物を所有していたのか、銅の条痕がついていた。さらに、直径九インチの浅いお椀、子どもの玩具と思われる小石、そして最後に一本の櫂と黒銀ギツネの尾があった。

さて、これらのことはすべて、われわれの業績であり、観察であるが、われわれがだれ一人上陸しなかったアメリカ本土からのものではなく、わずかに長さ三マイル、幅半マイルの、本土にもっとも近い島からのものである。この島は幅半マイル以下の水道によって本土から分離されている（なお、この区域は多くの島をちりばめて大きな湾を形成している）。われわれが本土上陸を試みなかったただ一つの理由は、頑固なまでの怠惰さと同時にばくぜんとした不安、つまり武装はしていなくとも、うるさい、また気の小さい原住民によって攻撃されることへの恐れからである。彼らから友好ないし敵意のいずれかを期待すべき理由もなかったし、また隊員たちがおそらく抱いためめしいホームシックも名目とされたかもしれない。とくに地位の高い隊員が、もしも、指揮官たちよりも、反抗者たちの不平不満の声に多く注意を払わなかったとすれば、であるが。

なお、この島で調査のために費やされた時間は、探検隊の出港準備のために使用された時間と算術比をなしている。つまり、この偉大な企図の準備のために費やされた一〇年間と、調査それ自体に捧げられた一〇時間という比率を。また、本土については、概要は書き記してある。土地そのものについての不完全な知見は、島での発見と推測にもとづくものである。

離れた位置からの比較と観察とからわれわれがいえることは、以下にほぼ要約されるだろう。すなわち、気候にかんするかぎり、アメリカ大陸（われわれが観察した側）は、アジアの極北東部よりもいちじるしくよいと考えられる。この地域は、海に面しているところはどこでも、近くから眺めても、また遠くに見えるところでも、驚くような高い山々で構成されており、その多くの峯々は万年雪におおわれているが、それでもアジアのそうした山々とくらべると、はるかに恵まれた自然と特徴をそなえている。アジアの山々は、いたるところ荒れ崩れ、はるか以前にその整然とした姿をむしばまれ、つまりは鉱物性ガスの循環のためにぼろぼろになりすぎ、内部の熱をまったく欠き、また、貴金属も産しない。

一方、アメリカの山々はしっかりしている。岩肌はこけでおおわれ、裸で露出してはおらず、いたるところ肥えた黒い土壌が見られる。したがって前者、つまりアジアの山々がせいぜい岩のすきまにかん木を発育させているのとはちがい、もっとも高い峯々にも立派な樹木が密生している。アメリカの山々はまた、いくつかの多汁組織ないし乾燥質の短い草や薬草、といっても苔ではなく、湿地植生でもなく水草でもない草本類で飾られている。

私が発見した多くの泉は、どこにいっても岩のあいだを流れているシベリアとはちがい、山のふもとの谷あいを流れているが、多くの場合、山の頂上に浅い湖をつくっている。植物は、山の頂上や低地でも、地熱と湿気が平等に分布しているため、ほぼ同じ大きさと外観を示している。

他方、アジアでは、植物はその生育場所によって非常に異なることが多く、同じ種の植物でも、その全般的な相違に注意していない人なら、それらが異なった種のものと錯覚するくらいだ。つまり一つの植物でも谷あいのものは、かろうじて二分の一フィート（約一五センチ）ぐらいしか育たない山中のものよりも、ニエレも高く育っていることがままある。北緯六〇度のアメリカでは、海岸のすぐそばまでいちばん美しい森林が見られるが、北緯五一度のカムチャツカでは、海岸線から二〇ウェルスタのところで、やっとヤナギとかハンノキ（榛）の木の叢林が始まるにすぎない。カバは三〇—四〇ウェルスタ以内にはなかった。針葉樹は、カムチャツカ河口（北緯五六・五度）から内陸に六〇ウェルスタ以内には見られなかったことはいうまでもない。北緯六二度では、たとえばアナディリスクから三〇〇—四〇〇ウェルスタも内陸に入らなければ樹木はみられない。したがって私は、セント・エリアス岬から北に、北緯七〇度ないしそれ以北にわたって陸地が連続して広がっているにちがいないという意見を抱いている。すなわち、その地が、北風から遮ぎられていることが、沿岸地方の動植物の多産性を助長させ、そのうえ、東方は山々によって守られているわけである。

他方、カムチャツカの沿岸は、とくにペンジナ湾沿岸では、北風に直接さらされている。東側はいくらか樹木も多いが、それはチュコート岬（半島）に守られているからである。その、より温和な気温のため、カムチャツカよりも、同じ緯度でもアメリカの方が、海から魚（サケ）が川に遡行してくる時期が早い。七月二〇日にわれわれはその島で、獲られた魚がすでに貯蔵されているのを目にしたが、一方、カムチャツカでは、この聖エリアスの祭日には、漁獲シーズンがやっと始まるにすぎない。植物も、カムチャツカでやっと花が咲き始めたばかりという頃、アメリカではすでに種子を結び、花はわずかにその痕跡をとどめているにすぎない。これは、私が一七四〇年ヤクーツクですでに観察したように、この北部地域においては、ふつう長い日ざしと、急速な気温の上昇と乾期の到来が、この結果に大きく作用しているわけである。

さて、ちっぽけな島で一〇時間もかけたなら、だれの助けもかりずとも、相当程度のことが達成できるはず、と考えるだけの人ならだれしも、私が何一つ鉱物を発見できなかったことに対し、それを私の不注意ないし怠慢からの失敗と簡単に見做すだろう。しかし私はみずから進んで告白する。私はそこで砂と灰色の岩以外は何も観察できなかった、と。海浜近くで自然は、白鉄鉱と黄鉄鉱以外には何も産しないし、また産する例もないことは、またよく知られていることである。

実をつけるかん木やその他の植物については、私は、新種でまだ知られていないキイチゴを発見しただけだった。それはたくさん生えていたがまだ熟していなかった。この実の大きな形、美味しい味から、あとで繁殖させるため土壌ごと採取し、一箱をペテルブルクに送ることにした。それを積むために船のスペースを占領したことについて、ぶつぶついわれたが、これは私のせいではない。私自身も多すぎるスペースをとることにすでに異議を申し立てていたのだから。Chamaecerasi や赤黒いコケモモの一種 whortleberry, scurvy berry, Empetrum や、そうしたたぐいの実は、カムチャツカにもたくさんあった。

その地で見られ、原住民が肉を食料とし、皮を衣服としている動物は、私が観察する機会があったかぎりでは、ヘア・アザラシ（下毛のないアザラシの総称）、大小のサメ、クジラ、多くのラッコで、それに海岸沿いにいたるところで私は排泄物を見かけた。こうした環境から、そこにはまた原住民もいるだろうと結論される。すなわち連中は、別な効果的な方法で食料をまかなうことができるからもめごともおこさず、また動物も、その毛皮に関心をもつ多くの人間のいるカムチャツカとはちがって、海岸にしばしば出てくるにちがいない。

トナカイについては、上記のことがらから推測するわけだが、それとは別に、陸上の動物で、私が他の仲間としばしば見かけたのはクロギツネとアカギツネであった。それらはとくに臆病とは見えなかった。おそらく狩られることがほとんどないからである。

鳥については、私は二種のよく知られているもの、つまりカラスとカササギを見た。しかし、変わった、見知らない鳥も私は一〇種以上観察した。それらの鳥は、そのとくに明るい色彩から、ヨーロッパやシベリアの種とかんたんに見分けられた。幸運にもその一つの標本を私に入手させた私の従者である猟師に感謝しなければならない。私はそれに説明を加えて実物のような色彩をつけて写生したことを思い出す。またそれをカロライナの印刷会社が英語とフランス語で出版したが、その著者の名はいまもって私には浮かんでこない。この鳥は、私たちが実際にアメリカにいるということを私に証明してくれた。私はそのスケッチを手紙に同封したつもりだったが、そうではなく、私は帰りの航海でアワチャからボリシャヤ川まで徒歩でゆかねばならなかったとき、それを他の荷物といっしょに残しておかねばならなかった。それはいつか発送されなければならないだろう。

われわれが発見したこの島のデッサンに続いて、航海の説明にうつりたい。

七月二一日――朝、日の出の二時間前、ベーリング隊長はいつもの習慣とは反対に早く起床し、甲板にあらわれ、そしてだれにも相談なしに錨をあげることを命じた。ワクセル中尉は、飲料水がまだ二〇樽空(から)だし、それにホームシック以外にいそぐ必要もないのだから、せめて飲料水を満タンにするまで錨をあげないようにと熱心に頼んだにもかかわらず、その命令は実施され、船は潮が満ちてくるにつれて、その湾を離れた。ちょうどそのとき、風が出港に好都合に吹いてきたというのが十分な理由と思われた。二―三日後、ちょっとした強風(ゲール)が吹いたとき、船は島を遠く離れて湾外にいたが、そのこともわれわれにはさっぱり嬉しいとは感じられなかった。

隊長はそのとき自分の見解を述べたが、それはつぎのような趣旨のものであった。すなわち、八月が近づいてきたことと、われわれの島と風と海についての無知のため、今年はすでになされた発見で満足すべきであり、これ以上、島を追いかけまわすべきではないし、また帰還途上、沿岸〔アメリカ大陸の〕近くに固執すべきでもなく、われわれのもとのコースにもどるべきである、ということだった。

西の方角に、はるかに島が続いていることは、いま推論されたが、それがカムチャツカに向かってはるか南にまで延びているかどうかはだれも知らなかった。そうした場合、われわれは陸地について盲目のまま夜や霧の中を走るだろうし、未知な海の島々で秋の強風期間に難破するかもしれない。しかし、この決定が海上会議 commission で賛成なしのわずかな対話でなされたとき、私はその応酬をきけなかったが、ワクセル中尉と艦隊マスターのヒトロフの直後の行動から二人がその計画を喜ばなかったことをはっきり知ることができた。

結局われわれは、七月二六日まで、これらの紳士が必要と考えたように、いつもコースを沿岸ぞいに保ち続けた。その代わりに北に緯度で一―二度進むため一〇〇ウェルスタ帆走したが、それは満足すべきものであった。このようにして七月二七日の夜、やや強風が吹いたとき、われわれは海岸から海に広がって堆(たい)をなしている深さ六〇尋〔約一一〇メートル〕のうえにいたが、幸運にも陸それ自体は見えないくらい遠く離れていた。
七月二八—二九日——天候はひき続き湿っぽく荒れ気味だった。われわれは往航のときと同じく、同種の浮流物によって陸地が近いという証拠を得た。そこで私は人びとに、船が陸の姿を見る前にしばしばこうしたことがおこると注意した。
七月三〇—三一日は、八月一日と同じく天候は美しく晴れ、風も嬉しい南東風で、海も平穏、航海は順調だった。
八月一日——真夜中の一時頃、船が四尋という浅いところにいることが、水の音でわかった。しかし、これは隊長に間違って報告されたものであった。天候はおだやかで、船は結局は陸地から非常に遠く走っており、深さも一八—二〇尋だった。われわれはそこで錨をおろし、夜明けを待った。
八月二日——朝、われわれは船が、むしろ大きな、樹木のしげっている島から三ウェルスタしか離れていないことに気づいた。天候は、不自然なほど快適で、温かかった。太陽がさんさんと照り、完全に平穏だった。正午近く一頭のトドが船の近くに姿を見せ、三〇分以上も船の周囲を泳ぎまわった。風も天候も非常によかったので、私は隊長に、探検を続けたいから、海岸に二時間ばかり小さなボートを出させてほしいと頼んだ。しかしその件について軽い議論がおこった。
隊長は最後に海上会議を召集した。委員会は、あたかも私が、自分の義務をもっとも熱心に果すためにあらゆる機会に私が自分の技倆(ぎりょう)のベストをつくすことを欲していないかのように私を非難するものは今後はだれもいないということで一致し、これを全員が保証して、私を海岸にゆかせた。
夕刻近く、私はいわゆる Scorpi marini (cottus) と同種の未知な魚を二匹釣りあげた。私はすぐそれに摘要をつけて、アルコール漬けにしたが、それらは他の珍しいコレクションと同様、一一月に船が難破したさいに失われた。日没近く、われわれは錨をあげ、島のそばを通って西をめざして外洋に出た。

八月三日――北緯五六度のところでアメリカ本土がもう一度姿を見せた。それは船から北北西½西の方向で、約一四マイルにあったが、高い、雪をいただいた山のため、ひときわはっきりと見えた。東風でわれわれは船首を南に向けていたため、本土は走っている船の西側にあった。事実、本土を西と北に見たことから、われわれは船が湾の中にいることに気がついた。東には八月二日にわれわれが寄った島が見えた。

八月四日――南へのコースをとって進み、われわれは南と西のあいだ、船から二―三マイルのところに高い大きな樹のしげっている島々の姿を見た。そこでわれわれはそのへりを一周した。われわれが立ち去ろうとしたところには、どこも途中に陸地があった。風はこの頃から八月九日までたいてい東風か、南東風だったので、カムチャツカへの直線距離にして数百マイル前進することができたわけだが、いまはさっぱり効果のあがらないジグザグ航行をくり返すだけだった。

この期間中（九日まで）、われわれは非常に多くのアザラシ、ラッコ、トド、イルカそれにstormfish を見た。のちに私がくり返し経験して知ったように、この場合も、これらの動物は、すぐあとでしけがくるという、それこそあらしの前の静けさをたたえた海に、それこそ異常なくらいしばしば見られた。そして、たしかにしけはまもなくやってきた。その動物がやってくるほどにまたその動きが激しくなるほどに、しけもまた激しくなった。

八月一〇日――われわれはきわめて見慣れない、しかもまだ知られていない海の動物を見た。私はその要約をつくるため、まるまる二四時間それを観察した。それは全長二アルシン〔一アルシンは七一・一二センチ〕ほどで、頭には斑点のある耳がぴんとたっており、イヌに似ていた。上下の唇から両側にほおひげが下っている。目は大きかった。体型は細長く、厚みは薄いというよりはむしろ丸々とし、尾に向かってだんだん細くなっている。皮膚は背部は薄い灰色の毛でおおわれていたが、腹部は赤みがかった白色だった。しかし水中では全体的にメウシに似て見えた。尾は二つのヒレに分かれていた。上方のヒレは下のものの二倍も大きかった。前足はどちらもなく、その代わりのものもなく、ただ二枚のヒレがついていたという事実ほど私を衝撃的に驚かせたものはない。ここではより詳細な説明ができないため、それ以上のことは、ゲスネルが友人から受けとった絵とこの動物の形とを比較してみればよい。なお、問題の絵はゲスネルの動物についての著書の中で Simia marina denica という名称で発表されている。

いずれにせよ、われわれが見たこの海の動物は、その驚くべき行動、飛躍、その優美さとから、ゲスネルのいう「海のサル」Seeaffe とよく似ていることから当然この名称に値するものであった。その動物は、驚いたような顔をしてわれわれを眺めながら、船のまわりを二時間以上も泳ぎまわった。それはときどき船のすぐ近くまできたので、竿でそれにさわってみた。しかし刺激されるとそれはすぐ船より離れたところに移動した。

なお、この動物は、人間のように海面に全長の三分の一をもちあげることが確実にでき、しかも数分間もその姿勢をとり続けることができた。それは約三〇分われわれを観察したあと、矢のように船底をもぐり抜け、反対側にふたたび姿をあらわした。そしてちょっとたって、また船底をもぐり抜け、もとの場所に現われた。そして、三〇回もそのようなもぐり方をしてみせた。そこに、棒状の、一方がびんのように空洞になっており、他の端の方に向かってだんだん細くなっている海藻が漂ってきた。その動物はそれを見るやすぐそれに向かって突進し、それを口にくわえ、そのまま船の方に泳いできた。その動きと、想像以上のこっけいなしぐさはサルの早業（はやわざ）をしのばせるものがあった。多くの愉快な跳躍や動きのあと、それは海中に姿を消し、ふたたびあらわれなかった。しかし、これと同じ動物が、ロシア領近くの海の、それぞれちがった場所で数回姿を見せた〔今は死滅している大耳アザラシの仲間か〕。

八月一一日——われわれはまだその湾内にあったが、軽い東南風で西に向かって走っていた。しかし一二日は、風も静まり、海上会議が開かれた。秋の接近と故国への長い距離とについて論じられ、さらに広がっていると思われるアメリカ本土を探索するという政府の指示をこの辺できりあげ、ただちにアワチャ〔ペトロパウロフスク〕に向かって帰航することが決定された。この委員会と、そこで決定されたものは、私にとってきわめて注目に値するものであったことを告白する。ともあれ、早急の帰還が決定され、その決定を発効させる報告書が、全士官と掌帆長の部下にいたるまでの人びとによって署名されたが、いつものように私はそれからのけものにされた。

結局、彼らはアワチャをめざした。けれども直線コースはとらず、陸地に沿って帆走した。つまりそのコースはアメリカ沿いということになる。風が逆風の西風だったので、北緯五三度線の南と北をジグザグすすむため、より西の方角にすすむこととなった。アメリカ本土は、以前には北緯五五度で見られたことから、少なくとも五四度と見積られた。われわれがなお陸地の近くにおり、陸地がさらに南にもあると予想していたが、動物や漂流物が示すように、それははっきりと推定できた。またわれわれに不利な西風も、船の前方に陸地があることを同時に示してくれた。

西風とは逆に、われわれにとってより好ましい風が、それこそよりいっそう確実に期待されるのは北緯四九度から五〇度にかけてである。つまりこの緯度や回帰線の外側などでは貿易風がぜんぜん吹く例がない。しかしながら隊長は私の意見に同意はしたものの、それにもかかわらず、それについて（海上会議で）ちょっぴり話しただけで、無視されても反ばくもせず、適切な命令は何一つ出さなかった。

とにかく、風が八月一二日以降と同じくそれ以前にも、逆風ばかりではなかったということは奇妙なことであった。一三日から一七日までは、実質的に得るところがあまりない南北にかけてのジグザグ航海に費やされた。

八月一八日――もう一つの奇妙なことがおこった。朝の四時頃、私は甲板で人びとが陸について話しているのをきいた。私はすぐおきあがって甲板にあがってみた。しかし、陸を見たなどということについては、とくにあのような奇妙な場所、つまり南に陸地が見えたなどということについては、だれも、なにも話すべきではないとすでに意見が一致していたのだろう。けれど、その陸地は日の出前には、はっきり見えたが、まもなく霧によってかくれてしまった。しかしそれでもまだまぎれもなく陸と認められた。

その陸地がわれわれよりそう遠くへだたったものでないことは、その方向から流れてきた海草の質からも推定できた。西風が急にやんだという事実は、われわれがアメリカ本土と、船の南にある島とのあいだを航海していたということの一つの補足的証明として役立った。船の士官たちは、これまで長いあいだ、島と出会うことに飽いていた。しかしそれらの島々の位置を確かめ、それらを海図に記入するために調査せずにそこから立ち去ることは絶対に許されないことだった。私が、それが論議の余地なく大きな島であるにちがいないものとして、彼らにそれがどのような島と思うかと尋ねたとき（この航海でわれわれは非常に多くの島と出会ったので、アメリカは西の海〔大西洋〕よりも、こちら側〔太平洋〕に多くの島をもっているものと考えた）、私は、その島が〝ヨハン・ド・ガマ・ランド〟であるにちがいないという返事を受けとった。

この返事から、私は船の士官たちがデリール de L'isle〔フランスの地理学者〕の大海図をどのように理解していたかを知って驚いた。彼らの間抜けぶりはいまはじまったことではなかった。つまりド・ガマ・ランドとは、これまで、太平洋の北部に、東から西に広がっているアメリカの未知の海岸に対する架空の名称だったからである。しかもこの島は、われわれがそれを一周したわけでもないが、その沖を航行したかぎりでは、幅はせいぜい一五マイルしかないように思われた。

とにかく、彼らには、この陸（島）について確かめようとか、海図に書き示そうという気がなかったという事実を私は大目に見るものの、士官たちが、恒常的に西風の吹く理由ないし船自体がより南のコースをとるようにさせられた理由を、船が開かれた海峡――そこはベーリング隊長の第一次航海のときだけでなく、カムチャツカでも観測されたように、秋でも北風と北西風がより多く続くために、他の風が求められる――の反対側に船があらねばならないという計測の結果が出されるまで、疑問にも思わなかったことに非常に驚いた。

八月一九日——午前三時頃、われわれを西に運んでくれる嬉しい東風が吹きだしたが、正午近くやみはじめた。水平線はくっきり見え、アメリカ本土が北方にはっきり認められた。われわれはまた、海藻や海岸からのごみなどが船の方にとつぜん流れてきたこと、多くの動物、陸鳥の出現、そして海水の変化によって、陸地が近いことに注意した。——これらの証拠は、すでにいくどもその正しさを証明してくれたものである。風の力がおとろえることから、また陸から——ないし陸に向かって風の方向が変わることからも、陸の接近が確認されるものだが、私や二—三の人間をのぞきだれもそれに注意しなかったし、私がしても信じなかっただろう。

ともあれ船は少し南にコースをとった。そして八月二〇日には、島はもちろん、その存在を示す上記の証拠(しるし)さえ見えないくらい島から離れた。ここで私は彼らから、私がそれでもなお島を見ているのかと、からかい気味に尋ねられた。私の方は、これらの紳士たちが北緯五一度パラレルで島を見ていても笑わなかったし、自然と経験によって許された範囲しか見ることができないという事実が彼らの顔に浮かんだときにも笑わなかったのに、である。

八月二〇日—二三日——船は五三度付近をジグザグ走った。私はそのときいくどもクジラを見た。一頭だけでなく二頭つれだってたがいによりそい、また追いつ追われつしているのを見て、私はこれがクジラの結婚シーズンにあたるにちがいないと考えた。

八月二五日——西からのひどいあらしがわれわれをいやおうなしに漂流させた。二六日はジグザグ航海で過ぎた。二七日は水平線がすっかり晴れた。天候は晴れだったが、気温は寒く、風は徹底的な西風だった。海上会議が一日ぶっ通しで開かれたが、逆風と飲料水のひどい欠乏（手もとにはわずか二五樽しかなかった）を理由に、陸地に向かって北東のコースをとることを突然決定した。これは、セント・エリアス岬で、理由もなく、水を満タンにせずに樽を二〇個も空のままに残してきたことからやむをえなかったにちがいない。この海上会議はやっと終わった。午後に急に風が変わったとき、それでもってその案は結局決定され、署名された。船は風がさらに変わっても、もう方向は変えず、着実にわれわれを結局は陸地に向かって駆りたてることとなった。

八月二八日――船は本土に向かってそのコースを維持した。そして夕方の四時近く、われわれは陸が近づいてきたしるしを見た。最深九〇尋の堆に住むタラの一種と、一羽のクロカモメなどを見出したわけである。ちょっとたって陸地が東寄りの北（北微東）に見えたが、非常に見分けにくかった。しかし夜のあいだ船はだいぶすすみ、翌八月二九日の朝、われわれははっきり五つの島を発見した。本土はその向こう一〇―一二マイルのところに見えた。

この日は天候が非常によく、停泊地か避難場所を探しに陸地近くにゆくというわれわれの目的にとっては、完全に好ましいものだった。午後三時頃、船は上述の島の一つに到着した。その島々は、南北に延びており、夕方近くわれわれはいちばんてまえの岩だらけの裸島の東三ウェルスタほど離れたところに停泊した［これはシュマギン群島中のナガイ島と想像される］。

八月三〇日――早朝、調査は二重の効果を狙ったプログラムのもとに開始された。すなわち新鮮な飲料水を入手するもっとも近い場所をさがすため、もう一つは、北の方の島で夜火が見えたことから、人間をさがし、その場所を偵察させるため、艦隊マスターのヒトロフに一隊を率いさせて送りこむことである。航海士官たちは、何か新発見が期待され、その名誉を手にしたいためだろう、私にもし望むなら海岸にいってみないかと尋ねてくれた。彼らの意図を知ることは簡単だったが、それでも私は非常に気持よくありがたく彼らの申し出を受け入れ、二つの隊が何か役に立つものを発見するかもしれないという希望を胸にしてボートに乗り、海岸にいった。しかし、そこはむきだしのみすぼらしい島で、期待されるようなものはほとんど何もなかった。

私は上陸するやいなや、すぐ水のある場所をさがし始めた。数カ所の泉を発見したが、水質もよく、衛生的な水だった。一方、水夫たちは、最初の、そしてもっとも近い、よどんだ水たまりをえらび、すでに作業を開始していた。私はその水が不適なことを見抜いた。つまりそれはまずよどんでおり、塩基性のものであった。お茶を飲むため、それを煮沸したとき、そのことがすぐ証明された。あとでスープを作ってテストしてみたときもそうだった。

また、私は浜で、潮の干満につれて、その水たまりの水面が高低を示すのを観察したが、その水を煮沸したときに味に裏切られたのは、結論的にはそれに塩気(しおけ)があるからにちがいないと思った。したがって私は、船に積み込む水には私が発見した泉のものを利用すべきであると提案し、口頭の報告とともにそのサンプルをも船に送った。すなわち、とくにそれ以外の他の水を飲料に使用すれば、それに含まれる石灰分のため身体は凋れ、強さを失い、壊血病が急激に増加するだろうし、また船に貯蔵しておけば時間がたつにつれて塩分が増加し、最後には塩水になるだろうが、一方、泉の水にはそうした恐れは何もないことを指摘したわけである。

しかし、この件については、当然、医師としての私の能力に耳をかされてしかるべきである。私の提案は、私自身だけでなく私の同僚の生命を守るため、もっとも公正になされたにもかかわらず、いま他の力によって葬られた。つまり、ふるめかしい威圧的な慣習によって反対された。私の提案に対する回答は「なぜ？　それがどうしたか？　良い水だよ。いっぱい満たすのだ！」。

そのうち私は、あのいとしいしょっぱい水溜りよりも、おだやかな、より近い採水場所を見つけ、そして、泉の水がだめというなら、この水ではどうかと申し出たときですら、それも、彼らが私を、私のあらゆる思慮、分別を拒否しようとして、絶対だめだ、その必要はないと退けてしまった。

私は、そうした処遇にすでに慣れていたから、別に注意も払わず、島を偵察して廻った。私はこの島が円環状に横たわっている八島のうち最大で、長さ（南北）三―四ドイツ・マイル、幅（東西）三―四ウェルスタと観測した。島の北と西から約一〇マイル離れて本土を望むことができた。それでも、島が北の方で本土とつながっておらず、つまり一つの半島を形成しているのかどうかは未決定のまま残されている。つまりわれわれは、北のはずれを見ることができなかったからである。

この島は他の島と同じく、植生でおおわれた高い固い岩だけで構成されている。その岩は、おもに粗い、黄ばんだ灰色の、硬砂岩である。場所によっては、灰色の砂岩や黒くて薄い粘板岩である。海岸はどこも石と岩だらけである。泉と小さな流れはたくさんある。動物については、最初私はクロギツネを見つけた。それは私にイヌのように吠えた。そして少しも人間を恐れなかったため、私ははじめそれをイヌかと思った。しかし、近くで調べたのち、私は自分の誤認を悟った。そして、それを捕えて標本とするため、プレニスネルか私の猟師に撃ってもらうことを考えた。だが、その計画は行なわれずに終わった。

島のほかの場所ではアカギツネが見られた。小型のモルモットは非常にたくさんいた。これらとは別に、私は一つの完全に未知な動物の足跡に注目した。その足跡は小さな湖の粘土質の浜で見出され、オオカミのものと似ていた。その足跡の広がりと爪の大きな形とは、何か変わった動物またはごく大型の種類のオオカミがこの島にすんでいるにちがいないことを示した。

たくさんいる水鳥の種類はぜんぶ見ることができた。ハクチョウ、二種の urili、ウミスズメ、アヒル、ジシギ、シギ類、さまざまな種類のカモメ、アビ、それらの中には、グリーンランド・ハト、ウミオウム、michagetks のようなきわめて注目すべき、また未知な種のものもあった。

しかし陸鳥についていえば、私が見たのはカラス、ヒタキ、ホオジロ、ライチョウだけで、他には何もいなかった。われわれが見た魚は、マルマ〔サケの一種〕とラムシア ramsha であった。樹木については、この六ドイツ・マイル圏内に横たわっている八つの島のどこにも、ただの一種も見られなかった。同じ緯度でもここから四〇マイルとは離れていなかった八月四日にわれわれが見た島はそうではなかった。ここと力ムチャツカとのあいだに位置している島々はすべて、少なくともあとで私が見たところでは、少しも樹木がなく、同じようにはだかだった。私には、それについて、以下に述べるようなこと以外には説明がつかなかった。

（1）これらの諸島は、二つの位置に分けられる。一方はここからアメリカに向かって北東ないし南西に延びている。他方、海峡とカムチャツカにより近い諸島は、北西と南東に広がっている。私は、大小の岩について、それらが同一方向に見出されることに注意した。

（2）加えて、すべての島は、長さと幅がまったく均衡を欠くという特色をもっている。たとえば、シュマギン島は長さ二〇―三〇ウェルスタなのに幅はわずか二―三ウェルスタである。ベーリング島は長さ三〇マイルなのに幅はわずか四ウェルスタ、最大のところでも七ウェルスタしかない。この島からベーリング島までのあいだでわれわれが注目した七つの島は、いずれも似たような形をしていた。

このことから以下のように推定できる。すなわち、これらの島々は、北と南にのびて横たわっているので、結果的には温度の高低の急速な変化を受け、さらに、幅の狭さからこれらの地域の苛烈な風に吹きさらされているため、樹木はもちろん、かん木も生成はおろか、根づくこともできない。もっとも小さな叢林でも、枝葉の曲ったものが入り交じり、全地域で、幹の長さ二フィート以上のものを見出すことは不可能である。カムチャツカでの観察と同じように、これらの地域で森林やそれに不可欠な樹木を豊かにもつ場所は、いずれも南北にわたって効果的な幅をもっている。だが、反対に、たとえばボリシャヤ川とロパートカ岬とのあいだのように、陸地がしだいに狭くなっていれば、変化はまさにあざやかである。

他方、なお狭く、高緯度――六度も北にあるカラガの反対側の地域では、状態がまったくちがっている。海峡に位置した島々についていては、説明はさらにわかりやすい。すなわち似たように位置し、また幅の狭い東方の諸島に森林があるという事実は、それらの島が本土近くにあって、本土によって守られているという環境面からはっきり説明できる。仮説的説明、つまり私の推論は、アジアの方面にのびているアメリカの角（コーナー）の部分は、西に向かって幅がしだいに狭くなっており、その北東にあるカムチャツカの北西海岸と同一の自然をもつということである。

これらの諸島で、かろうじて二エレの高さにまで成長するヤナギの叢林以外の他の植物については、別表に記載してある。全般的には私がセント・エリアス岬の項で記した多くのはだかの土地や岩に生えている多くのアメリカ植物がわずかに注目される程度である。それらの植物は、この島でも見られ、くわえて二―三種はベーリング島ですでに一七四二年に見られた。また、秋の終わり頃カムチャツカの若干の場所でも同様見られたものである。しかしながら、少数の例外をのぞけば、谷や低地や湿地で成長する植物に関するかぎり、それらは同緯度のヨーロッパやアジア、アメリカの場合と同じである。この島に非常に多く見られる赤いコケモモの一種と、黒いクマコケモモとは別に、われわれにとって最大限に利用される野菜の王国の住人は、栄光ある壊血病の薬草、Cochlearia, Lapathum, folio cubitali, Gentiana などである。私はそれらの薬草を私自身と隊長用として一人で採取した。私は当初から船の救急箱の内容が不十分だと主張してきた。

たとえば、その大部分ははり薬、軟膏類、油薬などの外科医薬で、それは野戦の四〇〇―五〇〇名分に相当するほどの量であったが、航海にもっとも必要な薬、すなわちわれわれにとってもっともおなじみな病気、壊血病とぜんそくに対して効く薬は何もなかった。したがって、私は全員に対して十分な量の抗壊血病薬草を採集するため、数名の分遣隊の派遣を要求したのだが、この全員にとって非常に価値高く、それだけに私への感謝に値するこの提案さえ、はねつけられてしまった。しかし、あとになって多くの後悔が残った。私は、船に採集手伝い可能な四人の人間がとどまっていたので、涙を流さんばかりにして私に手伝ってくれるよう頼んだ。彼らはそのとき手がすいていた。私は自分のもつ力と手段を最大限に行使したけれども、それは私にきめられることではなかった。そして、私の奉仕はいつも破局以前には軽蔑されたものだ。

壊血病で病床にあり、完全に自分の四肢の動きを失っていた隊長が私によって、八日以内に病床から離れ、航海当初のように元気で甲板に立てるまでに回復するならば、また単に新鮮なビールを大いに飲んで自分の喜びを一同と分ちあう程度にまで私によって回復させられたならば、また、私の指示に従い、わずか三日でも Lapathum を服用し多くの水夫たちの歯ぐきをふたたびしっかりさせたなら、もっとも粗野な、もっともみにくい人間たちでさえ、最後には私の奉仕に関心をよせるようになるにちがいない。

夕刻近くに降り出した雨のため、私はあらかじめ建てておいた仮小屋で島の夜を過すつもりだった。だがそれでも私は、もう一度、不良飲料水と薬草の件についての自分の意見を最大限に強調するため、結局は船にもどろうと決心した。しかし、私がふたたび水についての意見を述べたら、それはにべもなく拒絶され、さらに自分が、隊長付きの外科医の徒弟ででもあるかのように、自分で薬草採集をやれと命じる隊長の声を聴かなければならなかった。全員の健康と生存に関係するこの重要な仕事も、二―三人の水夫の労力に値するとは考えられなかったのである。私は、自分の善良な意図を後悔し、今後は、他人にことばを浪費させることなしに、自分自身を守ることに注意するだけだという結論に達した。

こうした考えを抱いて私は翌三一日の朝、ふたたび島にゆき、自分の作業を続け、また、プレニスネルとともに島内を探検してみた。しかし夕刻近くわれわれは、あらしのおそれがあるという知らせをもってきた当番兵によって、急いで帰船するようにといわれた。島内ではあらしの徴候は少しも見なかったが、大型ボートをつないでおいた海岸では、以前からあらゆる面で安全な場所だといわれていたにもかかわらず、きわめて危険となったので、集まった人間たちは強風が吹き出したなかで、固定しておかなかった錨をしまい込み、海に出る準備をするため、てんやわんやだったのだ。さて、われわれは、あらし到来の知らせを聞くと大急ぎで、島の東岸――ボートの場所まで一マイル以上も全力疾走した。そしてそこでいま述べたような大騒ぎの事態を見たわけである。海岸は大混乱だった。前日ここに運ばれてきた病人や、いまボートに引きずりあげられた人びとが、高波のために難儀していた。その状況はあまりにもひどかった。

われわれはボートにたどりつくのに、砕ける波をくぐって腰まで水につけ、それこそ幸運を信じながら、あっぷあっぷして歩いたくらいだった。この日、われわれが最初に運んだのは水夫のシュマギンだった。彼は前日、この岸につくとほぼ同時に死亡していた。以来この島は彼の名をとってシュマギン島とよばれている。

いくらかの恐怖のあと、われわれが船についたとき、船では、艦隊マスターのヒトロフとその部下がまだ見えない、海岸に彼らを残しておくわけにはゆかないということで、悲嘆のどん底にあった。私は、船乗りたちの狡猾な策略によってヒトロフの仲間からのけものにされていたことを神に感謝した。しかし、すぐ大きな火がわれわれがボートに乗った場所からそう遠くないところに見えた。その火の位置から判断すると、ヒトロフとその部下たちは、この水を汲みとるべきだと、私が二番目に勧告した湖のところにとどまっているにちがいないと結論された。

やがて強風はおさまった。そのことはわれわれにとり大きな幸運だったが、風は北東に吹きはじめ、突然西に向きを変えた。それから南に、そしてまた西になったが、終わりには北西となった。どちらの方向からの風に対しても船は島によって遮ぎられ、大きな危険はなかった。ただし、最初のあらしのとき、真夜中に船長がもう一つの錨を下すために、不必要と思われたさきの錨の鎖を切断することを許可しなかった――そのような暗夜の混乱の中では、切ってしまうのが手っとり早い措置と思われたのだが――のは、われわれにとって非常な幸運だった。そうでもなければ船は流されて岩礁にのりあげ、確実に難破してしまったにちがいない。

この日の夕刻、私は、士官たちがその考えを変え――いささか遅すぎたが――死への恐怖から、自分たちの飲料水を私がいった場所の泉から運ぶため二―三樽を海岸に送ったことを知った。しかし、不運にもその試みは不可能となった。つまりそのボートは海岸に残された病人を急いで船につれもどさなければならなかったため、樽はそのまま海岸に残されてしまったからである。

九月一日から一一月三日まで

九月一日――風はまだ非常に強く、しかもしだいに雨を混じえてきた。その日は、どのようにして艦隊マスターを船につれもどすか、また、どのようにして島から離れるかといった、パッとしない思案のうちに過ぎた。もし彼が、島にぜんぜんゆかず、またはだれかと会ったりせず、遅れずにもどるか、また小型ボートを奪いとって遅れずに水運搬でもやっていたら、われわれは快適な強風で出航できたし、しかもコースを一〇〇マイル以上も進めたであろう。しかし、彼のためわれわれはすべて、危険な島の近くに、都合のいい風を利用することもできずにとどまっていなければならなかった。そして、その順風はさらに五日間続いたのである。

オホーツクから出発し、この帰還の航海のあいだに、この男が関係したことはいずれも、悪いこと、不運をもたらすようなことばかりだったことから、だれもがぶつぶつこぼした。その、長い、しかもなんらみのりない不在によって、彼は、セント・エリアス岬のときと同じく、水を運ぶには小型ボートが足りないという理屈から、船内の飲料水の樽を多く空(から)っぽのままにしておく原因をつくった。彼の理屈のため、われわれは島に二度も接岸しなければならなかったのだった。その段階でも彼は相談第一だった。全般的に、彼は、大胆な勧告をしたりするのに、非常に臆病であるように見える。危機に直面するとき、決定も下せず、機転もきかず、不平をいい、自分自身をかくそうとする人間だった。

九月二日——風は南東になった。八人をのせた大型ボートがヒトロフとその部下を運ぶために海岸におくられた。しばらくして船は南東風で錨をあげ、北に向かって海岸線ぞいに移動した。そしてボートの接舷しやすいように錨を下した。雨が降りだし、だんだんひどくなってきた。それで、安全さをいっそう確実にするため、もう一つの錨が下された。夕刻に近くなって、南方からとつぜんはげしい驟雨がきた。そこで二つの錨が流される場合にそなえて三番目の錨が用意された。しかし神に感謝あれ、風はすぐ南西に変わり、海も静まったが、ボートは夜中海岸にとどまったままだった。

九月三日——天候はけたはずれによく、平穏だった。風は引き続き南西に吹いた。くわえて、われわれは明け方、ヒトロフとその部下たちを一人のこらず船に収容して、ホッとした。しかし小型ボートはわざと島に残した。太綱類は健忘症から、また、その他二—三のものもお土産として残してきたが、管理官補佐のロセリウスは銃・火薬は全部もちかえり、自分で保管した。

船はすぐ二つの錨をあげ、南西風にのって、岩礁をまわって南東の、いちばん外側の島まで走った。すなわち、われわれは、南の方向にある外洋に出ようとしても、湾から出ることができなかったわけである。ヒトロフは、解放と帰還の喜びで有頂天になっていたが、側鉛を手にとり、海の深さを測ろうとして、一回投げ込んだだけで、それを海底に落してしまった。それは、ふつう水夫たちが悪い事がおこる前兆としていたことだった。しかも、ちょうど一年前の今日、この同一の人物がその小悧巧さから、オホータ河口で必要貯蔵物資を失ったことを思い出した。午後二時、船はこの最外側の島のうしろに停泊するため、その海岸線から二ウェルスタのところまできた。

九月四日——天候は同様に平穏だった。われわれはこの島の西を回って外洋に出ようとしたが、西風のためそれもできず、ふたたび以前の位置、われわれが最後に到着し、錨を下した島の東のところまでもどされたことがわかった。このために、われわれは期待もしていなかったし、探したわけでもなかったけれども、アメリカ原住民と遭遇する機会が生じた。われわれがやっと錨を下したとき、船の南の方の岩から大きな歓声がきこえた。陸地から二〇マイルも離れたこのみすぼらしい島に、人間など一人もいないものと当初われわれは考えていた。それで、われわれはトドが吠えているのかと思った。しかし、ちょっとたってから、二そうの小さな舟が海岸から船に向かって漕いでくるのが見えた。

われわれは全員、最大級の熱望といっぱいの驚きで一行を待ちうけた。島の住民は、その外見と特徴でとくに注目をひいた。二人の原住民が船から半ウェルスタの距離まできたとき、彼らは漕ぎながら同時に大きな声で、われわれに理解できないことばで休みなく話し始めた。われわれは意味がわからないながらも、祈りの形式か、呪文か、それともわれわれを友人として歓迎する儀式か、それらのいずれかと解釈した。いずれもカムチャツカとクリル〔千島列島〕において行なわれている慣習である。

さて、彼らはその櫂をやすむことなく動かしながらしだいに船に近づいてきた。そしてわれわれに断続的に話しかけたが、だれもそのことばを理解できなかった。われわれはただ手招きするだけだった。彼らは何の恐れもいだかずに近よってきた。そして、彼らは後方を指さして、自分たちがそこからきたことを示した。また、自分の手で海水をすくい、口を指さし、あたかもわれわれが彼らと飲食をともにすることができるという身振りをした。われわれが彼らをふたたび手招きし、そしてロンタン男爵の北アメリカについての記述にある、水を意味する〝ニチ〟という語を彼らに向かって口にしたとき、彼らはいくどもその語をくり返し、そしてまるで海岸にわれわれの注意をよびおこさせたいかのように、ふたたび島の方をさし示した。

彼らのうちの一人がわれわれのごく近くまできたにもかかわらず接舷するまえに、彼は自分の懐(ふところ)中に手をやり、いくらか鉄――鉛色にひかっている土をとり出し、それで鼻のわきから頬にかけて二個の西洋梨をつないだような形に塗った。彼らは鼻孔に草をいっぱいにつめ（鼻の両側は立派な骨の片で貫通されていた）、そして皮製の小舟の座席のうしろに積んだ棒きれ――ビリヤードのキューに似ていた――の中から、約三エレぐらいの長さのこぎれいに赤く塗られ、二枚のタカの羽根をクジラのひげでしっかりと結んだ木製の棒をとり出した。そして、その棒をわれわれに示し、それから笑ってそれをわれわれの船に向かって海に投げ込んだ。私には、それがなにか犠牲(いけにえ)の意味か、それとも良き友情のしるしなのか判断がつかなかった。

船からは、中国製煙管(きせる)二本と何個かのビー玉を結び、彼らの方に軽く投げた。彼らはそれをつかまえ、ちょっと眺め、自分より前の座席に乗っていた仲間に手渡した。そのあと、彼らはさらに勇敢に、しかも細心の注意を払って、われわれの船のすぐそばまで近づいてきた。そして、内臓を完全にぬいたタカをもう一本の棒に結び、それを船のカヤク島人の通訳に手渡そうとした。われわれは中国絹若干と鏡一個を贈ろうとした。われわれが濡らさずにタカを受けとり、絹と鏡とを渡すために鈎状（かぎじょう）の道具を用いようとしたのだが、彼らはぜんぜんそれを利用しようとはしなかった。しかし、通訳が原住民の差し出す棒をつかんでひっぱりよせたとき、相手はそれの一方の端をしっかりにぎっていたためその舟といっしょにわれわれの船の方にたぐりよせられて、ギョッとしたようだった。そして一方の手で櫂をつかい、二度と船には近よらなかった。したがって絹と鏡は投げてやらねばならなかった。彼らはそれをもって二そうとも海岸に向かって漕ぎ、飲食のために自分たちについてくるようにと手招きした。こうしたやりとりのあいだ、島人たちはわれわれの船の周りにとどまり、陸上の自分たちの仲間に引き続き声をかけ、われわれにはとうていわからないような大声でわめき続けていた。

われわれは短い協議のあと、ボートを海面におろした。私は、ワクセル中尉とカヤク島人の通訳とのそばに乗り、九人の水夫が岸に向かって漕ぎ出した。われわれは、槍、サーベル、銃などをもたされたが、原住民たちに疑惑を与えぬようキャンバスでそれらをおおっておいた。それに加えて、ビスケット、ブランディ、その他こまごましたものを彼らへの贈り物として持参した。ただ、最大の不幸は、島に上陸できなかったことだった。つまり海岸線が非常に岩だらけで、潮は急速に高まり、風も波も非常に強く、高く、接岸にとって最大の障害となった。われわれはボートが岩にうち当って粉々になることを必死になって防いだ。彼らの小舟とわれわれの贈り物にとってぐあいの悪い海岸のその場所に、同じような服装のためちょっと性別がつきにくい男女がわれわれの接岸を見るため、全員、驚異と友好とをいっぱいにみせ、それぞれの手で陸をさし示しながらやってきた。

われわれはそれを見たときはすでに、接岸をあきらめていた。

われわれは、一―二のものを観察するため、通訳と他の二人を、衣服をぬがせ、海にとびこませて、彼らのもとにゆかせた。島の住民たちは、通訳一行をきわめて友好的な態度でうけ入れ、その腕をとって、あたかも一行が偉大な名士ででもあるかのように設けた席にみちびいた。そして一行とちょっと話して一片のクジラの脂肪を贈った。しかし、たがいに何を話しているのか理解できなかったが、それでも彼らは山の方を指さし、自分たちが山の向こう側にすんでおり、われわれのために山をこえてここにきたということを説明しているようだった。実際（あとで）島の東を回って外洋に出る途中、われわれは遠くに二―三の小屋を見た。

さて、浜には一部の原住民がわれわれの方を目をそらさずに見つめ、ときどき、こちらにくるようにと手招きして誘ったりしながら残っていた。しかし、われわれはさまざまな仕草で自分たちにとってそれが不可能なことを理解させたとき、彼らの一人が自分の小舟を片手でもち上げ、腕にかかえて海まで運び、それに乗りこんで、われわれのところに漕いできた。彼は一杯のブランディでもって歓迎され、われわれの例に従ってグイと呑み干したが、すぐ吐き出した。そして、この幻覚的なペテンにあまり喜んだとは思えないような奇妙な身振りをした。

私は煙草や煙管のようなものに対しては反対だといったのだが、それでもわがボートの紳士諸君は、そのアメリカ原住民が荒らくれ水夫と同じ胃袋をもっている、という意見をもち、結局、最初の不快さを新しいもので中和させようと思ったのか、その異邦人に火をつけた煙草を与えた。彼はそれを受けとったもののすっかりうんざりした様子で海岸に漕ぎさってしまった。もしも、もっともスマートなヨーロッパ人が、幻覚を生じさせるキノコや腐った魚のスープやヤナギの樹皮など、つまりカムチャダールのデリケートなご馳走にあずかったら、同様うんざりするにちがいない。

やがて、風と波がだんだん強く、大きくなってきた。われわれは上陸した一行を、ボートに引きもどそうとした。ところが反対に親切な島の連中は、そのパーティをもっと長く続けたいと望み、一行をボートに立ちさらせようとしなかった。彼らは一行のなかでも、とくにカヤク島人の通訳に大きな関心を傾けていたことがわかった。この通訳の話す態度や顔つきが彼らにまったく似ていた。

ともあれ、彼らは一行を引きとめるため、まず、さらに多くのクジラの脂肪と銀色の顔料とを贈った。しかし一行がその贈り物によっても気が変わらないとわかったら、つぎは暴力で一行を引きとめようとした。つまり武器で脅して一行を拘束し、力ずくでボートにいかせまいとした。他のグループは——顔に絵具を塗った連中だったが、おそらく危害を加えようとするたくらみではなく、まったくの無思慮からか、われわれのボートを、急いで自分たちの岸にひっぱろうとした。それではボートは岩礁に乗り上げてしまうにちがいなかった。

この混乱と危険の中で、時間をつぶすことはできなかった。そこでわれわれは、ことばによって原住民たちに、それを思いとどまらせることができないとわかったとき、弾丸をこめた三梃のマスケット銃を彼らの頭ごしに岩に向けて一斉に発射した。いままで聴いたことのない大きな音の発生によって、彼らは非常に驚き、ちょうど雷にでも打たれたように、全員手にしたものをすべて投げ捨てて地上にひれ伏した。

一行の三人は、ただちに走り、海をざぶざぶ渡って安全にボートに収容された。おかしい、驚くような光景だったが、原住民はすぐ起きあがって、われわれを非難し出した。すなわち彼らの良き意図に対してわれわれが手酷く報いたこと、つまり彼らがさしのべた手を、われわれが彼らがもはやいやになるようにすげなく断ち切ったことから、起きあがった何人かは、石をひろってその手ににぎりしめた。しかし、その非難の様子がさらにおかしかった。われわれは、急いで岩に結んでおいたボートのとも綱をたち切ることを余儀なくさせられた。そして、われわれが当初考えていたものを観察できなかったばかりか、反対に予期しなかったようなできごとに出会ったことで、われわれは、むしろ不満げに帰船した。しかし、すぐ天候が悪化、西から大きなあらしが吹き出し、雨も降り出したことから、原住民との接触がこうした形で終わったことをも神に感謝する、ということになった。しかし、わがアメリカ原住民諸君は、海岸に火をともし、われわれに今日の出来事についていろいろ考えさせてくれた。

　私はここに、海岸にいた一五分間の過程で観察した二―三の状況について話さなければならない。アメリカ原住民たちの舟は、長さ約二尋、高さ二フィート、幅（デッキで）二フィートであり、へさきに向かってとがっており、ともはスパッときれいに断ち切られている。外観からの判断では、枠は木製の棒材で、その端を堅く縛り、内側の機材で広げられている。この枠の外側は、濃い茶褐色に塗られた、おそらくアザラシと思われる動物の皮で張られている。これらの皮は、舟を、上部は平らに、そして側面はその傾斜に沿っておおっている。これらの下に、舟首材に相当する木ないし動物の骨の縦材によって結合された舟首の水切り部分や竜骨が固定されているように見える。そのため上表面は安定している。

後部から約二アルシン〔五フィート弱〕のところにまるい穴があいている。穴のまわりの皮のへりは、クジラの腸(ガット)で浅くふちどりされている。このため、舟の表面はピンと張り、財布のようにブカブカしない。そのアメリカ原住民が舟のその穴に坐り、足を甲板の下に伸ばすと、このへりがその身体を囲み、また、水が入ってこないように漕ぎ手はそのへりと自分の身体とを紐で結びつける。漕ぎ手のうしろに一〇本ないしそれ以上の赤く塗った棒が積まれているが、それがなんの目的でつくられたものか、私には想像できないが、少なくとも舟の枠が破損したとき、その補修材として利用されるのではないかということだけは保証できる。彼らは、右手を舟の穴に入れ、左手で櫂をもって陸上を運搬し、海岸まで運ぶ（それだけ軽量にできている）。櫂は一尋くらいの長さの棒から構成され、両端は手のひら大のシャベル状をしている。これでもって彼らは左右交互に水面を打ち、大きな波のあいだでも、すばらしく巧みに舟を推進させる。全体として、この種の舟は、ニューデンマーク（グリーンランド）の原住民やシベリアのサモエド人によって使用されるものと、結局ほとんど同じである。

この島の原住民の形質的特徴としては、私が海岸で観察した九人に関するかぎり――彼らの多くは青年と壮年だった――中ほどの背たけで、強く、たくましかったが、美しいプロポーションをしていた。非常にみごとな筋肉の腕と足とをそなえ、頭髪は漆黒で、頭のまわりに長くたれていた。顔は褐色がかった色をしており、鼻は偏平だが、とくに広くも大きくもなかった。目は石炭のように黒く、唇ははっきり上向いていた。くわうるに彼らの首は短く、肩は広く、身体つきは下腹は大きく出てはいないが、まるまるとしている。全員、非常にていねいに縫われた、足のふくらはぎにまで達する袖のついたクジラの腸（ガット）で編んだシャツを着ていた。何人かは、シャツを紐でへそのあたりで結んでいたが、他のものはだらりと着ていた。長靴（ブーツ）をはき、カムチャダールの流行を真似てつくられたと思われる樹皮で赤褐色に染めたアザラシ皮のズボンをはいているものが二人いた。この二人は、ロシアの貧農のようなベルトをしめていたが、そこには貧弱な細工のさやに入った長めの鉄製のナイフがぶら下っていた。このナイフは外国（ヨーロッパ）製ではなく、彼ら自身の製作したものだったのかもしれない。私は、そのナイフの一本を手に入れたいと思い、何かわれわれの乏しいストックの中から二―三のものと交換してほしいと頼んだが、どこの国の人間でも、この島の住民と意志伝達が不可能であるとの結論から、また彼らのその所持品（ナイフ）が重要な、おそらく個人的な標識でもあったことから、この私の提案は実現しなかった。

私は、彼らの一人がそのナイフでふくらんだ木の実を二つに切るのを見て、このナイフの性質を観察した。まず、それは鉄製で、しかもヨーロッパ製でないことは簡単にわかった。そのことから結論されるのは、この原住民は、カムチャツカではその痕跡さえ認められない鉄鉱石をもっているだけでなく、それを精錬し、工作する方法を知っているということである。そして、セント・エリアス岬とそこの小屋で見出された矢から観察されたみごとな技術からしても、この辺の未開人たちが鉄製ないし銅製どちらかのナイフをもっているにちがいないということは、論議の余地ないものと思われる。

一方、私はまったく信頼すべき情報から、チュクチ人が第二チュクチ島からアメリカと交易したこと、またこの商業は、ここ何年間かある誤解によって中断されたが、まだ、その島の住民たちによって行なわれていることを知っている。おもな取引き品は、ナイフ、斧、槍、鉄製の矢じりで、チュクチ人はそれらをアナディルスクのロシア人から非常な高価でもとめ、そしてアメリカの原住民と何倍ものより高い価格で、ラッコ、テン、キツネの皮と交換する。そして、これらの毛皮のあるものは、アナディルスク経由でロシア（本土）にもたらされる。したがって、もしアメリカ原住民自身が、鉄を精錬でき、前記の道具類を製作できるなら、なぜ彼らはそれを高い値段でよそから買うのだろうか？　同時に、カムチャツカ探検以前に、アメリカ原住民と交易したアナディル川のコサックが、アメリカ自体についての知識を入手していたということは注目すべきである。これに対して二重の理由がコサックに関してあげられるだろう。

（1）指導者の利己心と偽証。

（2）恐怖。つまり帝国（ロシア）の利益にとり、新しいなにものかを示唆することは、一般にこれらの遠隔地における指導者に、感謝を受ける場所で、自分の商品と財産を失うことを余儀なくさせられる。

反面、役人たちは住民と話しあうのにあまりに高慢すぎ、また住民からなにか報告されても容易にそれを信じようとはしない。一七四〇年、私はカムチャツカに到着してから、そうした情報を入手するのに苦労した。あらゆる新参者、交易商人、コサックたちと熱心に接触し、偉大な友情をもって質問したが、公正な手段でもってはなにもまあたらしいことはきけなかった。そこで、もっとも愉快な拷問、ブランディが彼らの自白をもたらしたわけである。しかし、私がその種の情報について質ねた結果、二〇以上の決定的な理由から、その土地（交易先）が、もっとも近くにあって、これから行なわれるはずの探検航海の方向にあることを証明できた。そして、この情報を隊長の前にすべて提出したが、私の数々の努力も海上会議の士官たちの前では、とりあげる価値さえないものと考えられたのだった。

がいしてすぐれた判断とはこうした運命をたどるものだ。すなわち「連中はいろいろ語るだろう。だが、だれがコサックのいうことなど信用するだろうか？　私はその話を何一つ信用しない」というわけである。しかしながら、いま、この情報は、これらの紳士諸君自身の日記と海図によって立証されたが、多くの人びとは死亡し、結局は葬られ（捨てさられ）てしまった。人はおそらく第一次探検の海図に、信頼性がほとんどないことに注意するかもしれない。カムチャツカとその反対側のオリュトラ Olyutora 海沿岸の島々、同様にアワチャの良港、ウカ、オリュトラ、またカムチャツカの三〇マイル以内に島は存在しないという指示により、ベーリング島は直線距離で二〇マイルしか離れていないにもかかわらず、それらがすべて忘れられているためである。

九月五日——午前中はげしい雨。午後は、数回、天候があたかも回復するように思われたが、そのたびに曇った。風がいまや南西に変わったので、われわれは長くここにとどまってはおれなかった。したがってわれわれは、午後二時に錨をあげた。ちょうどそのとき、海岸の方に小舟を漕いでいる二人の原住民が見えた。われわれは、その島のかげで雨をしのごうと考えたが、望んだ場所に到着したのは五時頃だった。

われわれはそこでもう一度錨をおろした。そして約三〇分後、われわれはふたたび小舟に乗って単縦陣で船に向かって漕いでくる九人のアメリカ原住民を見つけて、最初のときのように歓声と儀礼とでもって迎えた。しかし船のそばまでよってきたのは、その中の二人だけだった。二人は鉄色に塗られ、タカの羽根を結んだ例の棒の贈り物をした。彼らの頭には、緑や赤い色の樹皮製の帽子がのっていた。それは頭にかぶる日除けの形に似ており、太陽のまぶしさから目を守るというだけの目的で考案されたように思われた。頭頂はおおわれていなかった。あるものは、東海岸のアメリカ人（インディアン）と同じやりかたで帽子とひたいの間に二―三本のまだらなタカの羽根をつけており、他のものは草でつくった飾り房をつけていた。なお、ブラジル付近の原住民も羽根の飾りをつけている。

さて、これらの帽子から、このアメリカ人（原住民）がアジアからきたという仮説もまた出てくるだろう。すなわち、カムチャダールとカヤク島人は、このアメリカ原住民ときわめて正確に似た帽子をかぶる習慣をもち、それらの数種類はクンストカメラに購入されている。われわれは、多くの身振りで、彼らにその帽子を一つ欲しいのだが、と理解させたところ、彼は二つわれわれに手渡してくれた。一つには小さな彫刻像が結びつけられていた。その羽根が尾を表現していることはまちがいない。つまり骨製の坐っている偶像がその背後の羽根といっしょに目だっている。われわれは、それのみかえりに、さびた鉄のやかんと縫針五本と糸をいくらか添えて贈った。贈り物交換がすんだあと、彼らは互いに相談し、考えたあげく岸に漕ぎもどった。歓声をあげるとか、かがり火をたくといった騒ぎはなかった。あたりはすぐ暗くなった。その後われわれは彼らを二度と見ることがなかった。

私はこの機会につぎの事実を指摘しておきたい。すなわちこれらの人びとは、ちょうどわれわれが耳たぶにすると同じく、顔のどこかに穴をあけ、さまざまな宝石や骨製品をはめこんでいる。ある一人は鼻の横膜に長さ約二・五インチの石筆を通していた。その石筆はわれわれが石盤に書くことができるものだ。もう一人は、下唇のちょうど真下、あごのうえをはすかいに三インチの骨を通していた。なお他の一人はひたいに骨の飾りを結びつけていた。鼻翼に骨を通しているものもいた。これらのことから、私が一七四一年アワチャから出発するまえに述べた意見に対する幹部の反対が、いかにあさはかなものだったかがわかるだろう。

私がそのとき他のこととといっしょに述べたのは次のようなことだった。すなわち、チュクチ人と直接コミュニケーションをもっていたロシア人の報告によれば、本土の反対側にすむ人びとはすべて、身体に装飾(オーナメント)をつけているといわれる。そうした人びとと同じく鼻や頬にセイウチの歯片を刺している人びとのあいだにそれぞれすんでいた一〇人以上の人びとから私が聴いたことからすれば、チュクチ人がアメリカ人であるかどうかはとにかく、彼らの中にアメリカ原住民がすんでいるものと信じられる――ということである。

最終的に私はまた、これらのアメリカ原住民全体について、ひげがきわめて少ないこと、大部分のものにはぜんぜんないこと、この点で彼らはふたたびカムチャツカの原住民と他の東シベリアの人びとと一致する。

それでもなお、これらのアメリカ原住民がアメリカ本土の住民か、それともその島々の住民かという論議が残される。私は、これらの住民は、島に恒常的に生活しているのではなく、夏のあいだだけ島に住み、冬は本土に住むという見解をとっている。これらの人びとの相当部分は、非常に多量の鳥類と、その卵のため、こちら側（アジア）に魅力を感じるのだろう。なおカムチャダールも非常な危険をおかして断崖のあいだにその獲物（鳥と卵）を集めるが、毎年なん人かはその作業で首の骨を折る。原住民のうちの何割かは、おそらく岸に打ちあげられたクジラの死骸や、たくさんいるアザラシの脂肪を求めて――これはすべてのカムチャダールの好物でもある――島にゆく。

しかし、冬彼らが本土にもどるのは、住居建設用ないし燃料用木材の不足と、さらにわれわれが航行した島（ナガイ島）は北で本土とつながっているように思われることから（もちろん実際はつながっている）、島での越冬はおそらく避けるものと考えられる。また他の島も本土より遠く離れているとは見えない。

九月六日――天候は終日曇りだったが、風が南西微南で、船の出航に好都合だったため、われわれは島の東側を回って二つの島のあいだの海面に出た。海岸の原住民たちはサヨナラのようにもう一度歓声をあげた。それは、まるでわれわれが、その島の裏側にいる原住民とその小屋を訪問したのであるかのように思われた。

半マイルほど海に出たとき、われわれは島の北側にいる無数の海鳥に驚かされた。urili、ウミスズメ、ツノメドリ、カモメ、gluphshi、グリーンランド・ウミバト、それにアカシギに似た頭をいつも動かしている赤いくちばしと足をもつ完全に黒いジシギ、いちだんと美しい白と黒のまだらのアビ、不思議な未知の鳥としかいいようのない、はじめて目撃された鳥などである。その他のことについていえば、風はきわめて順調で、船は午後二時近く本土や島が見えない洋上まできた。船は多くのクジラに出会った。その中である一頭は半身を海面にもちあげたが、クジラのそうした動作はわれわれにあらしのまぢかな接近を告げるものであった。

九月七日――風と天候は前日と同じだった。正午近く船はこの諸島の最後の島から二〇マイル以上も離れていた。午後、風は力を増してきた。そして上潮（あげしお）のため船は帆をしぼらざるを得なかった。夜通しひどいあらしだったので、船はスパンカ〔最後部マスト下部の縦帆〕だけで走った。こうした条件のもとで、つまり秋の終わりの季節とアワチャから非常に遠い距離のもとで、船の士官と水夫の士気は急速に低下した。不健康な飲料水は日ましに健康者の数を減少させた。非常に多くのものが、身体の不調や故障を訴えるのがきかれた。そのため、自分たちが無事帰還できるか、日本ないしアメリカで越冬せねばならないのではないか――どちらもとくに希望したものはいなかったが――などについて疑ったり、議論し始めたものも何人かいた。

九月八日――海上は一日中もやがたちこめていたが、風は静まり、その向きも変わった。すなわち午前中は西微北だったが、午後は西微南に吹いた。そのため船はしだいに南にゆき、夕刻までアワチャと同じ北緯五三度に達した。夜中に風は死んだように絶えた。

九月九日――朝近く船は東からの軽い風を得て、その助けで八時まで一・五―二ノットを維持した。その後、風は強まり、一〇時近く船はとにかく四ノットで航海した。午前中は雨で、空は雲でおおわれ暗かったが、午後は太陽こそささなかったものの水平線がはっきり見えた。計測によれば正午に、船はアワチャからまだ三一二オランダ・マイルの地点にあると信じられた。

九月一〇日――午前中は雨、空は暗かった。だが正午近く太陽が少し顔を出した。その後、水平線がしだいに明るくなった。風は最初は南南西、それから南西微南となった。正午の計測ではアワチャから二九八オランダ・マイルと推定された。ひき続き、いくどもくり返された経験のあと、このような風の変化は陸地が接近していること、その陸地がさらに南まで広がっており、誤りないコースをとるとすればそれはさらに南に期待されるべきだという理由から、結局、船は緯度とは無関係に文句なしに南に転針すべきだということを、いまだに理解しなかったとは驚くべきである。

なお、この陸地への接近は、われわれが見たつねに北から南へ飛ぶツノメドリとJohn of Gauntや他のカモメによっても確証された。一方、陸地に接近したときにおこるように海藻もすでに流れてきていた。

九月一一日――風と天候は前日のとおりだった。二四時間に船は二〇マイル走り、正午の計測ではアワチャから二七八オランダ・マイルと推定された。陸地のしるしは昨日と同じように今日も見られた。

九月一二日――天候は一日中曇りで、暗かったが、平穏だった。鳥のかげと漂流物は昨日と同じだった。夕刻近く、期待されていた好ましい風の代わりにわれわれは、雨をともなった西風をまともから受けることとなった。そのため二四時間でたった二マイルしかすすめなかった。

九月一三日――晴。午前中北西微西の風がおこった。これが午後の一二時頃まで続き、やっとおさまった。遊んでいるクジラの数はよりいっそう多くなったが、われわれにはなにも好転のきざしは期待できなかった。

九月一四日――朝から夜まで一日中北西風のあらしが吹きまくった。われわれは正午頃、船が漂流しているのに気がついた。そのときの計測ではアワチャから二五八マイルの位置にあった。

九月一五日――われわれは快晴を楽しんだ。正午近く、ながらく待望していた太陽がふたたび姿を見せた。また、異常な寒さが、船をもとのコースにつれもどす北風が吹くのでは、という希望を与えてくれた。北風は、もしわれわれが海峡のはるか西、あるいは緯度で二度くらい南に位置していたなら、おそらく起こったにちがいない。しかし、われわれはあまりにも陸地に近く位置していた。

夕刻近くフクロウが船のそばに飛んできたり、川カモメも姿を見せた。そして五―六尾の storm fish が船のそばを跳ね回った。これらのことから、われわれはあらし到来の明らかな前兆を知ることができた。

九月一六日――真夜中すぎてから南東風が吹きだし、九時頃まで続いた。そして突然南から西に、さらに北に変わった。それからふたたび西にもどり、午後の三時近く南南西となり、雨が降りだした。船は午前中はとにかく進んだが、正午の計測ではアワチャからまだ二四〇マイルの地点にあった。これは南東風との最初の闘争であった。われわれはその後この風と非常に多く出会ったし、それと親しくなったため、実際にその風への変化を手回しよく察知できるようになった。午後われわれは大量の海藻が北の方角から船に向かって漂流してくるのを発見した。また、八月二日とそれに続く日々の場合と同じく、同種類の海藻の大きな束も続いて流れてきた。そのとき船はアメリカ列島〔アレウト列島〕の中間ほどの地点にあった。

九月一七日――烈しい、しかも非常に変わりやすい風だった。風向きはたいてい北西から西にかけてであった。正午の計測で船がアワチャから二三四マイルなことがわかった。一日中、鳥が北から西に飛んでゆくのが見かけられた。

九月一八日――驟雨があった。風は南西微西だった。正午の計測では船はアワチャから二二六マイルだった。夕刻、私は小さなシギの大群を観察した。また、他の陸鳥が北から西へ飛ぶのも見た。

九月一九日――天候は晴れだが、気温はむしろ寒かった。風は北西微西。正午の計測では船はアワチャから二二六マイルだった。海面にはラッコがいくども見られた。二〇日は、風も天候も前日と同じだったが、夜は完全に平穏そのものだった。

九月二一日――太陽とともにきわめて快適な日だった。海はここ二カ月間で最高の穏やかさをたたえていた。夕刻近く南東風がおこったが、夜の二時頃北西微西に変わった。二二日は天候は非常によく、風は北西微北。二三日は一昼夜あらしだった。船は南西風で北に帆走した。この日の夕刻、擲弾兵のトレチャコフが死んだ。船で二番目の死者である。

九月二四日――天候は終日あやしかった。夕刻近く、われわれの偉大な狼狽、つまり北緯五一度で、船の前方に島を発見した。その多くの島々は、船よりわずか三―四マイルの位置に横たわっていた。われわれは、その島の位置を調べたが、船は島のあまりにも近く、北にありすぎたことと、南西風だったので、このままでは島の南を通過せずにまっすぐ島につき進んでしまうため、われわれは外洋に背を向け、大急ぎで東に転針した。もしわれわれが、長いあいだ知られ、そしてしばしば思い出された陸地の存在を示すしるしによって警戒し、より南を航海していたら、こうしたことはおこらなかったにちがいない。しかし、今朝でさえ、さらに北にゆこうという不運な提案をヒトロフがしたくらいだったのだ。すなわち彼は、目的地が北緯五〇度の真西に広がっていると考え、そして船はすでに海峡に入っていると思ったわけであるが、その誤った提案がもう少しで承認されるところだったのである。われわれが昼間、しかもあらしがくる直前に島を発見したのは最大の幸運だった。つまり船が夜もそのままのコースを走り続けるのは確かであり、明るいうちに発見できなかったならあるいは船は避けるべき手段のないまま、南東風によってその島にのりあげてしまったにちがいない。

興奮さめやらぬなかで、士官たちは、ここがチリコフ船長（聖パウェル号）から自分たちの聖ペーテル号が分かれた地点にちがいないと、ささやきあった。われわれがあらしをのりきってから、南にすすんだとき、あの島は北の方角に見えたと語った人びとがいた。われわれはそのようなことは信じなかったが、このようにして話の本筋が失われるということは、この場合はまったく真実である。チリコフ船長は、疑いなくこの地点で島に接触したし、その状況については私はすでに本書の冒頭で指摘した。

九月二五日——あらしはやまず、いっそう強まった。船は、南東方向のその島から離れるために、前・後マストや帆げたを失うおそれがあることから、それぞれのマストの最下帆だけで走った。午後、船はスパンカ、つまり後マストの最下帆（縦帆）だけで走り始めた。西風によってもう島と衝突するおそれもなく、だいぶ島より離れた。

九月二六日——西風はしばらくやんだが、海は依然荒れていた。そして船は三日間、南東に後退し続けていた。

九月二七日――ふたたび南東からのひどいあらしに襲われた。しかしそれも一時間で西風に変わったが、そのひどさは変わらなかった。われわれは、あたかも狭い通路から、恐しくピューピューと音をたてて吹き出し、マストや帆げたなどを吹きとばしそうにうちあたり、波でうちこわされた付属器具などを吹きさらってゆくような、怒り狂った風を聴いた。波も大砲を発射したときのようなすさまじい響きをたてていた。そのため、われわれはあらしによって最後のとどめを刺され、死を覚悟していた。年配の経験ゆたかな水先案内（パイロット）のアンドレアス・ヘッセルベルグでさえもその五〇年のキャリアの中で、このようなひどいしけは思い出せなかった。

九月二八日――あらしはひょうや雷光や雨をともない、いっそうひどくなった。船は南東に向かって引き続き五日間流されていた。

九月二九日――天候は終日和らいだように見えた。しかし夜の一〇時近く、風は突然南東に変わり、あらしがもう一度くることが予告されたが、また西に変わり、そのまま続いた。

九月三〇日――朝の五時頃、われわれはいままで経験したこともないものすごい南東風のあらしに出会った。われわれはそれがさらに大きくなるのか、また船がそれに抵抗できるのか、想像もできなかった。あらゆる瞬間、われわれは船がこわされるのを覚悟したし、また船の中で寝ても立っても坐ってもおられなかった。だれも自分の持ち場にとどまってはおられなかった。怒った天がわれわれをどこに送りこむのか、神の権能のままに揺れ動いていた。乗組員の半数は病気で弱り切っていた。残りの半数は必要な程度の健康を維持していたが、海と船の恐しい動きから、まったく気がおかしくなっていた。たしかにそこには多くの祈りがあったが、シベリアにおける一〇年間に蓄積された呪詛は、いかなる霊験をも妨げた。船の外には一尋の海も見えなかった。つまりわれわれは、怒れる波の中にもてあそばれ続けていたのである。

さらにわれわれは、半焼きのビスケットをのぞき、料理はおろか冷えきった食事さえとることができなかった。それに、食料はすでに欠乏しはじめていた。こうした状態のもとでは、もはや勇気も協議もあったものではなかった。人びとは物事を正確に処理し、さまざまな事態を見通すことはできず、後悔するにも遅すぎた。われわれのおかれた非常に危険な状況を、ここに正確に説明するなどとは思いもよらない。むしろ、われわれの悲惨を記述するにはどのような感動的なペンでも弱すぎることにペン自体が気づくにちがいないことを人に信じさせた方がましである。

一〇月一日――この恐ろしい南西のあらしは昨日同様一日中その猛威を振（ふる）い続けた。いま士官たちは、もし神がわれわれをこのあらしから助けてくれるとすれば、アメリカの港をわれわれは見出すことができるだろうとまず考え始めた。つまり、秋の終わりの天候が非常に苛酷であり、不安定であること、また、船がすでに東に流されすぎたということ、さらに乗組員の大部分が病気であり、衰弱しているという事実を考慮にいれて、そう考えたわけである。緯度で二度南にゆくことは、船のコースをあまりにも多くずれさせることとなった。しかし現在でも私は、彼ら一人一人がみな、カムチャツカの自分の財産とその管理人をもっていることから、まじめにそう決意（アメリカ寄港）したとは信じられない。

今日、九月二四日以前と同じように早く起きて私は二つの現象を観察した。その現象は、私がこれまでの生涯でまだ見たこともなかったものだった。それは水夫たちが「セント・エルモの火」とよぶ the ignes lambentes すなわち Castor and Pollux と、恐ろしく疾くとぶ雲だった。雲はあらしの中を信じられないような速さで、まさに矢のようにわれわれの眼前を通りすぎ、しばしばたがいに同じ速さでぶつかり、交叉した。

一〇月二日——天候はついに回復しだした。しかしあらしがおさまるのに二四時間以上もかかった。それにもかかわらず、風は依然、南西のままであり、空は暗かった。九月二四日以来、船は五〇マイル以上も東にもどされた。われわれのうち二四人が病気になり、二人が死亡した。私が想像したように、神はわれわれが年内にカムチャツカにつくことを好まれないだろうという話がまた出はじめた。しかし、あらしがやんでホッとした気持も長くは続かなかった。夜の一〇時近く、われわれはまた、いつもの暴力の訪問者、あらしをともなう南東風に出会ったのである。そのため、全員の心は、ふたたび、壊血病にかかった歯のようにガタガタしてきた。

一〇月三日——とほうもない強風のため、船はスパンカで帆走した。はじめ天候は非常によかったが、寒さはふつうではなかった。四日は天候は少しばかりおだやかになった。空気は澄み、気温は寒かったが、二—三時間太陽がさした。船はまたスパンカだけで走っていた。しかし、この幸運もそう長くは続かず、突然、雨をともなった南西風によって断ち切られた。そしてあらしがまた南西からわれわれを追ってきたのである。しかし、われわれはこの頃にはすでに、死やあらしには慣れっこになっていた。

一〇月五日もまた、船はスパンカで走った。強い風のため空は非常によく晴れたが、寒さはふつう以上にきびしかった。

一〇月六日――船は依然スパンカで走っていた。あらしはおさまったものの、海はまだ高くうねっていた。昼はだいたい太陽が姿をみせていた。しかし、ときどき、ひょうと雨が降り、すぐそのあとわれわれは虹を二回見たが、気温は低下した。夕刻近く、この航海で初めて多くのサメが船の周りを泳ぐのが見えた。夜、風はおさまり、船内貯蔵のブランディが分配された。

一〇月七日――空気は冷たく、澄んでいた。朝の七時に船は高波のため、ふたたび評判のよくない下帆を使用しはじめた。風は南西微西だった。

一〇月八日――風も天候も前日と同じだった。しかし夕刻近く不幸な南東風が突然吹いてきた。二時間後それは雨とひょうを混じえた湿っぽい、そして非常に強い西風となった。そのため船は下帆だけで、あたかもアメリカゆきを最終的に決定したかのように北東に走った。

一〇月九日――あらしはさらにひどくなった。結局、われわれは一日中北東に向かって走らされた。しかし太陽は明るく輝き、夜も晴れていた。一〇日は、あらしは同じ強さで続いた。ワクセル中尉は隊長を説得することにかかりきっていた。すなわち隊長は、壊血病が悪化しベッドに横になっており、活動性をひどく失っていたのだが、われわれが越冬するためアメリカ大陸に接岸するのに賛成するようにと、非常に熱心に説いたわけである。カムチャツカへの帰還が不可能なことは明らかであり、二―三日以内に、多くの病人のため、われわれは帆や船を操作することがもはや不可能になること、船の全装備のうち、部分的ないし全面的に、とりかえしがつかないほど失われたものがあるにちがいないということなどを、中尉は隊長に説明した。しかし、いくら押しつけられても、隊長は、自分の郷里のヴィボルグ（フィンランド）の教会のルーテル派信仰ではなく、アワチャの探検隊の教会のロシア正教に従って、資金募集のためになされた誓い――他面、いまではその誓いにはほとんど信をおいてはいなかったが――によって、指揮官としての絶対的な意見を拘束されていた。

一〇月一一日――非常に美しく明るい日で、太陽はさんさんと輝いていた。風は西北西で、船は南西に走った。夜近く、風は完全にやみ、九月二一日のように静かになった。しかし真夜中の一時頃、強い南風が吹き始め、船は時速一・七五マイル以上の速さで西に向かってよたよた走った。一二日、船は西微北風で走り続けた。しかし正午近く風は南西に変わり、夕刻の六時頃、天候は雪と雨とひょうを混じえた荒々しいあらしになった。そのあいまに虹が見えた。

一〇月一三日――あらしはおさまったが、反対に西風のため船は南と北西とのあいだをジグザグすすんだ。午前中、太陽はときどき顔を見せたが、午後、雨とひょうが交互に降り、夕刻近くまた虹が見えた。一四日は海は完全にないでいた。空気も澄み、太陽が輝いていた。それにもかかわらず気温は低く、寒かった。この日、アメリカゆきの話がまた始まった。

一〇月一五日――太陽は一日中輝き、おだやかな北西風が吹き、海はないでいた。

一〇月一六日――天候はきわめて快適で、気温も温かく、海もないでいた。夕刻近く六時頃、神は強い南風をわれわれに送り給うた。船ははじめ時速三ノット、そしてすぐ四・一ノットとなった。夜のあいだに風は東に向きを変えた。それで船は五―六ノット、そして六・五ノットで快走した。明け方、風は北東に変わり、しかも非常に強くなったので、船は下帆だけで走った。

一〇月一七日――終日雨。雨も風（北東）もともに強かったが、船は二四時間安定して走り続けた。船が二〇時間で約二四マイル走ったあと、風は午後の四時頃から強さを増し、船は一時停船しなければならなかった。夜、風はむしろひどいあらしとなったが、朝にはおだやかになった。

一〇月一八日――天候は晴れたり曇ったり、かわるがわるくり返したが、気温はひどく寒かった。海はむしろ静かで、風は北西微北だった。船は一日中南西微西に二―二・五ノットを維持して走った。この日まで船内の病人は三二人となった。病人もそうでない乗組員も、ともに変わりやすい風のために極度に志気阻喪していた。一九日は、風も、コースも、天候も引き続き前日と同じだった。擲弾兵のキセリョフが死亡した。二〇日、風もコースも天候も前日と同じだったが、夜あらしとなった。召使のハリトノフが死亡した。二一日、風もコースも変化なかったが、夕刻近くあらしとなった。兵士のルカ・ザビアコフが死亡した。

一〇月二二日――天候晴。太陽は輝いていたが、霜がひどく、西風だった。ワクセル中尉から、飲料水のストックがわずか一五樽、うち三樽は破損して中はほとんど空(から)っぽという報告を突然受けたため、コースは北微東、アメリカ本土に向かって直航することが決定された。他の多くのことで消耗しきっていたため、だれも水の樽のたがのぐあいに責任をもつことなど歓迎しないし、木製のたがはこのような長期の航海では途中で腐朽してしまうものだ。

一〇月二三日――風が変わった。それとともに、アメリカ本土にゆきたいという士官たちの熱意も変わった。したがって、午前中船は南東風で走り、午後から夜にかけては、驟雨とひょうという悪い気象状態にもかかわらず、東風を受けて、以後二四時間で三一マイルすすんだ。われわれは、この一三樽の水で、カムチャツカに到達するか、それとも水を補給できるさらに近い島により早く寄港するか、そのいずれかをとるという意図で、アメリカ大陸により近いコースをどんどんすすんだわけである。このことは、病人たちを落胆させるためかのように公表された。

一〇月二四日——風も天候も前日のとおり。しかし夕刻、風が北に変わった。船はワクセル中尉の計測によればだいぶすすんでいた。つまりアワチャから一三四マイルと信じられたが、二等航海士ユージンの計測では、アワチャから一二二マイルとあった。船はしだいに北緯五三度線に近づいていた。ということは、途中にはもはや島はないとわれわれが信じていたということでもあった。コースは五二度を維持してゆくように決定された。それで、たまたま飲料水が極度に不足した場合でも、船は多分カムチャツカ本土沿いに吹く風を利用する位置にあるだろう。もし、風が北になったら、船はクリル列島の第一、第二島のあいだを走り、そこに錨を下すべきであり、もし南風が吹いたら、われわれはアワチャの港にほとんど簡単に入れるだろう。

一方、東風ならこれはあらゆる事態の中でもっとも有利である。ワクセル中尉によって検討されたこの計画は、船が他のどこにも目をくれず、アワチャをめざす場合には、実にもっともなものであった。しかし、彼らがいかにこの件について忠実であったか、また、なぜ五日後に、なんらの理由もなく、だれかの扇動で自分たちの予定したコースからひどく逸脱したかは、時が告げるであろう。その逸脱は、もし神が奇蹟によって明らかに加護を垂れさせ給わなかったら、船の多くの人びと、否、全員を破滅に追い込みかねなかったものである。

士官たちは、自分たちがもち、またおそらく自分たちを説得した自分自身の悟性と良心を、ほとんど働かせなかった。そのうえ、困窮と死が、つまり彼ら自身の主張によると、病気で死んだだけでなく、その持ち場での交替勤務の過労から死んだというのだが——その二つが突然船内で優位性を占めた。飲料水の少ない許容量、ビスケットとブランディの欠乏、寒さ、湿気、荒廃、しらみ、驚愕、そして恐怖などは、少なくともたいして重要原因ではなかったのである。

一〇月二五日——ひじょうに良い天気で、太陽が輝いた。それでも午後には、ときどきあられがひとしきり降っては止んだ。朝方、われわれは北緯五一度で、北方に大きく高い島影を発見して驚いた。これは往路に、東方四〇マイルに見えたものである。正午の位置は北緯五〇度三五分。

一〇月二六日——海はきわめて静穏。空は陰鬱で凍るように冷たく、しばしば雪とあられが交互にやってくる。正午、推定位置はまだアワチャから一〇三マイル。

一〇月二七日——夜一時過ぎ、南南西の風をとらえ、皆の合意したとおり北緯五二度を保つため、夜から日中にかけてずっと北西に向かって進んだ。正午の計算では、アワチャからまだ九〇マイルであった。午後、風は強風となった。しかし今では、皆、以前よりも度胸が据わり、この船やマストのこともよくわかってきたため、トップスルは一日中そのままにしておいた。今や、われわれが海峡にいることはまったく明らかであった。嵐になっても、波がそれほど高くならず、風がそれほど突然に変わることがなくなったのがその証拠であった。私はまた、風の強さが同じでも、波が九月にみられたほど激しく荒れ狂うことがないのに気づいた。これはおそらく、空気が九月よりも重く、密度が濃くなっていて、したがって海面にかかる圧が大きくなっているためと思われる。今、空気が前よりも澄んで明るくなっているのも、同じ理由で説明できるであろう。

他方、春と夏には、ほとんどいつも西、南西、南の風が吹いていて、いつも霧とどんより暗い大気が見られるばかりである。大気はたっぷりと水蒸気を含んでいて、ときどき吹く北風も、それをあっちからこっちへと動かすだけで、吹き払ってしまうことはない。しかし今は、空気の冷たさのためこれらの水蒸気は凝縮され、あられや雪となって海に落ちる。したがってあられや雪がひとしきり降ると、そのあとは空気が澄む。すると、同じ場所に新たに蒸気が蓄積されるまでしばらくの間、静けさが保たれる。

一〇月二八日――朝、ふたたび新しい事実に驚かされた。夜が明けると、われわれは水がいちじるしく変化しているのに気づいた。そのことから、われわれが陸地に近いところにいるにちがいないという結論を下すことはむずかしくなかった。測鉛を投げこんでみると、深さは一四尋であることがわかった。しばらくすると霧が晴れてきて、われわれの針路の真っ直ぐ前方、わずか一マイルほどのところに島が見えた。それは北東から南西にアメリカ本土に対して斜めに横たわり、島影は特に高くはなく、むしろ低く感じられ、平らな砂浜が見えた。ふたたびここにわれわれは、慈悲深い神の加護をはっきりと見た。もしわれわれがもう二時間ほど早く、暗いうちにこの場所にさしかかっていたら、あるいは、今の時間にここへきていたとしても、神が霧を払ってくださらなかったら、われわれは間違いなく、この島に気づくことはなかったであろう。

これまでに見かけた島の他にも、針路のあちこちに、われわれが夜の間に、あるいは霧の深いときに気がつくことなく通りすぎてしまった島がまだたくさんあったにちがいないと考えてよいであろう。まさにそのことは、絶えず陸地からわれわれのほうに流されてくる海草によっても示されていた。やはりこのころ、スタリクという名の小さな海鳥が夜間、われわれの船に飛びこんできた。

この鳥たちは岩の上で夜を過ごす習性をもち、手近にある何にでもぶつかってくる。彼らはそれを昼間のフクロウのように、ぼうっとしか見ることができないのである。マントかククランカ〔カムチャダール族の毛皮のコート〕でもかぶってこの鳥たちのそばに坐ってさえいれば、彼らは手っとり早い巣ででもあるかのようにその下に集まってくるので、アワチャのあたりではこのようにして多数素手で生けどりにされている。

この状況のもとで、ヒトロフの不適当な提案が受け入れられなかったことは、われわれにとって幸運だった。彼は、この海のまっただ中に投錨し、ボートをおろして島から水を運んでくることにしようと提案したのであった。ここには、手を貸すことくらいはできるとしても、海底からふたたび錨を引き上げることなど絶対にできないほどに弱った人間が一〇人いるだけというのにである。そうしていたら、三時間後にわれわれは皆、間違いなくこの波間を墓場とすることになっていたであろう。

一〇月二九日――われわれは前日と同じ風を受け、同じ針路を進んだ。一日中、ときどき雨が降った。

一〇月三〇日――同じく朝方、北緯五〇度何分かで二つの島を見た。この二つの島は互いにごく近く接して並び、狭い水路で隔てられていた。これは、クリル列島北端の二つの島と考えられた[2]。とくに、船に乗っていたカムチャツカ原住民がそういったことと、彼らが陸上の目標物を指摘してみせたことがその根拠であった。しかし誰一人としてこのことを断言しようとはしなかったので、士官たちは一顧だに与えることなくこれを無視し、島の向こうに本土が見えたと思っている人たちの話にも耳を貸そうとしなかった。これについては、その他に、次のような四つの根拠もあげることができるであろう。

（1）これまでの航海の間全然見られなかったラッコがたくさん船のまわりに姿を現わすようになったこと。クリルにはラッコが実に無数にいるのである。

（2）ここでわれわれが突然西風にぶつかったこと。これは陸地が近いことを示すものであった。

（3）観測された緯度がクリル列島の一番端と一致するものであったこと。

（4）東の方角は晴れていたが、西方には濃い霧がかかり、陸地を隠しているように思われたこと。

同様に、ロパートカ岬ならびにクリル列島北端の島の位置と、われわれが見たその島からまっすぐ北へ五日間走り、それからベーリング島にぶつかるまで西微南に走ったコースを見比べれば、――士官たちは今なお認めようとも、信じようともしないだろうが――疑いなくわれわれはクリル列島北端の二つの島にぶつかっていたのだということがわかるであろう[3]（ベーリング島の位置は、のちにわれわれが知ったところでは、カムチャツカ河口から真東に二〇マイルのところにある）。さらにまた士官たちは、何ゆえに五二度は越さないという彼ら自身の決定から逸脱して五六度までも北進し、それによってわれわれを目的地に到着できなくさせ、最後に船を破滅させることになったのかという質問に対して、彼らは永遠に答えないであろう。

こうして、われわれはあらゆる理に逆らって北へ進んだのであった。ヒトロフがワクセル中尉に語ったところでは、推定位置はいぜんアワチャから六〇マイル以上であることを示していたので、そうしないと、推定値と勘定が合わないためであった。誤りをつきとめようとはせずに、ただそれを糊塗してつじつまを合わせるだけであれば、彼らは過ちを犯すというより、われわれ全員の生命を危険にさらすことになるのであり、さらに、海図全体も、船位の推算も、すべて正しくない、不正確なものとなるであろう。長い航海、通り抜けてきた多くの嵐、未知の海流、風上に向かっての間切りなどの諸条件を考慮に入れ、また、経度測定に用いた方法はこれ以上の方法はなく、最善の方法ではあったが、それでもきわめて多くの誤差を生じやすいものであることを考えれば、三〇―四〇マイルの誤差は特に悪いものとは考えられないであろう。逆に、あまり正確でありすぎれば、理性的な人びとにはそのほうが奇蹟か、ごまかしのように見えたにちがいない。

このような根拠のない弁解は別としても、さまざまな状況から判断して、（士官たちの行動の）裏には利己的な意図をもった秘密の動機が隠されていたように思われる。すなわち彼らは、アワチャ（湾）ではなくてカムチャツカ河口に入らなければならなかったのは緊急の必要に迫られたためだという口実が使えるようにするため、北へ進むことにしたのである。われわれはこのことを、一つには彼らと隊長との関係が良くなかったこと、一つにはワクセル中尉とヒトロフがそねみ合ってい

2 実際にはセミチ群島だったと思われる。セミチ群島は三つの島からできているが、このうち二つだけが見えたのか、二つと見誤ったのだろう。ただし、北緯五〇度何分かという緯度はクリル列島北端と一致し、セミチ群島の五二度四五分とは一致しない。緯度の測定または記録に誤りがあったのだろうか。

3 この推論はまったくおかしい。シュテラーの勘違いとしか考えられない。

たことから、はっきりと理解することができる。

一〇月三一日、一一月一日、二日、三日――とくに異常なし。ただし、病人たちはきわめて急速に、一時に何人も死んでいっており、船を操ることや帆を変えることなど、ほとんど不可能であった。二人の指揮者のもとで欺かれ、裏切られたわれわれは神の御手のままに、北へ進み、北緯五一度、五二度、五三度、五四度、五五度を越え、五六度に達した。

一一月四日から一七四二年一月三一日まで

一一月四日――真夜中、絶好の風に恵まれて、われわれは西微南に向けて走りはじめた。五日朝、陸地に乗り上げないため、帆を縮めるよう命令が下された。全員甲板に立ち、陸地を探した。きわめて正確な数字をもって、状況が発表されたからだ。驚いたことに、九時少し前、はからずも陸地が見えてきた。これを見て、全員がどれほど喜んだか、言葉で書き表わすことは不可能である。半分死にかけていたものたちも、のろのろとからだを起こして陸地を眺め、皆この大きな慈悲を垂れ給うた神に心から感謝した。隊長はひじょうに衰弱していて、からだを起こそうともしなかった。そして皆、このような恐るべき困苦のあとで、どのようにして健康を取り戻し、休息を取るかを話し合った。

喜びを高めるため、あちこちに隠されていたわずかばかりのブランディが取り出された。落ちつきはらった声が誇らしげに次のような言葉を告げるのが聞こえた。「これまで一〇〇〇人の航海者がいたとしても、これほど寸分たがわずに船位を推定することができたものはいなかっただろう。われわれは半マイルと離れていない」

アワチャの見取図と照らし合わせ、この陸地がそれとぴったり一致することが認められた。イソパ岬、湾口のシプンスキー岬、それにマヤク〔標識用の塔？〕が見わけられた。船位推算からわれわれが少なくとも北緯五五度に達していることはわかっていてもよかったはずで、アワチャはそれより二度南にあるのだが、海に突き出した岬が見え、それがシプンスキー岬と思われたので、針路は北寄りに向けられた。イソパと思われる岬をまわってみると、それは実は第一の島のはずれであって、われわれはすでに第一の島と第二の島の間の海の真ん中に出てしまっていた。しかし（二島の間の）水路が見わけられる前に、すなわち、それが島であることが確認される前に、たまたま正午の太陽によって天測を行なうことができ、それによって、われわれは北緯五五度と五六度の間にいることがわかった。そこで、まったく当然のことながら、ここはアワチャの近くではないのではないかと疑いはじめた。われわれは、南東方向の、イソパだと思い違いをした島の先端をまわって戻ろうとし、夕刻まで間切りながら努力したが、うまくいかなかった。

夕方近く、嵐が予想されたので、われわれは陸地から離れるため、北へ向きを変えた。実際に夜になると嵐がやってきた。メーンマストのシュラウド〔マスト両側の支持鋼索〕が、すさまじい風の力と帆（の重量）のために切れてしまった。トップスルと針路は昼間のままで縮帆してなかったし、残された弱体のクルーが真夜中に、ますます猛り狂う暴風の中で縮帆することは不可能だったからだ。したがって、朝になって、荒れ狂った嵐の夜がこの上なく気持ちの良い好天気になったときにも、われわれは張ることのできる、また張るべきでもある帆を全部あえて張ろうとはしなかった。

――一月六日――ヒトロフはすでにワクセル中尉を味方につけ、下級士官や船員たちも手なずけており、そこで、季節が晩秋を迎えていること、荒天、マストが役に立たないこと、アワチャからの距離、数少ない船員や兵隊たちが弱り、病気にかかっていることなどを考えて、隊長は会議を招集し、西方に見える湾に上陸することを決定すべきではないかと提案した。その湾には、六マイルほどのところに船をつけられる場所がありそうに見えた。これは次のようにして実現された。

隊長は、すでにこれまでわれわれは危険を冒し、現在以上に悪い状況に耐えてきたのであり、前部マストも使えるし、水もまだ六樽あるのだから、港（アワチャ）に着くよう努力してみるべきだと主張した。しかし、二人の士官は彼の意見に反対して、この湾に上陸することを主張し、下級士官や乗組員を説得した。彼らもこれに同意したが、ただし、専門家ではない彼らに、この陸地がカムチャツカであることが保証されるならばという条件つきでの賛成であった。もしそうでなければ、彼らはさらに極限まで危険を冒し、最後まで働く用意があるというのであった。ヒトロフが、もしここがカムチャツカでなければ、首を切られてもよいと請け合ったので、結論を出すまでには残るごく少数のものの意見を待つばかりとなった。しかしそのうちの何人かは、おどされたり、すかされたりして、自分の意見に反して賛成させられてしまった。

そこで隊長は彼の副官――当時は船員に格下げされていたが、現在のオフツィン大尉――に意見を述べるよう命じた。しかし、彼が隊長の意見に同意すると、両士官は「出ていけ、黙れ、このやくざめ！」と命令し、彼は会議の席をはずさなければならなかった。最後に、席次にしたがって私の番がやってきた。しかし、オフツィンの例が警告していたので、私はこう答えた。

「私は最初から何も相談を受けたことはありませんし、私の意見が望ましいところと一致しなければ、きいてもいただけないでしょう。それに、皆さん、私が船員ではないといっています。したがって、私は何もいわないことにしましょう」

次に私は、信頼できると認められる人物として（そのように思われたのはこれが初めてのことである）、乗組員の病気と悲惨な状態を証明する書面を書いてもらえないかと依頼された。私はこれを良心にしたがって引き受けた。このようにして湾に入って上陸することが決定されたが、ただし、それはそこから南カムチャツカ駐屯地に使者を出して、隊員を運ぶための駅馬を迎えにやるためであった。

状況は、ここがカムチャツカだという意見が正しくないことを示していた。チェコツキー岬からロパートカ岬に至るカムチャツカ本土は北東から南西方向に伸びているはずだが、われわれの前にある陸地（のちにベーリング島と呼ばれるようになる）は北西から南東へと伸びていたからである。しかし、それでもこれがカムチャツカのノース〔岬〕であるという望みは残っていた。カムチャツカには、このような位置にある岬が多いのである。

他方、この陸地はカムチャツカの岬とすると大きすぎるようにも思われた。長さ一五マイルのシプンスキーに匹敵する岬はカムチャツカにはないはずだが、われわれの目の前にある陸地は少なくとも二五マイルはあると目測されるし、それに、この陸地からは別の突出部が長く海に伸びており、ここは岬ではなく別の島だと考えるほうが妥当かもしれなかった。つまり、要するにこれはカムチャツカ本土でも、その岬でもありえないという結論を下すべきであったろう。しかし、ベーリングの第一回探検によって生じた誤った考えが、あまりに深く根づいていた。すなわち、カムチャツカ近海、とくに陸地から五〇マイル離れたところまで十分に調べたといわれるこの緯度では、島は存在するはずがないと信じられていたのであった。

そこで彼らはそれ以上の不安はもたず、陸地に向かって真っ直ぐ湾内に入っていった。夕方四時近く、われわれは一マイルもないと思われるところまで陸地に近づいた。三時間ほどの間、士官は誰もデッキに姿を現わさなかった。危険なときにはいつもそうなのであった。皆、静かに、気持よさそうに眠っていた。私は隊長のところへいって、少なくとも士官のうちの一人が当直に当たるよう命令してほしいと頼んだ。彼らはまるで何の措置も講じることなく、このまま浜に乗り上げるつもりででもいるかのようにみえたからである。そこで士官は二人ともデッキに出るよう命令を受けたが、針路を真っ直ぐ陸地に向けて保つよう命令する以外に、何もしようとするようすは見られなかった。

日没近く、岸から二ウェルスタのところまで近づくと、彼らは水深を測定しはじめ、さらに一ウェルスタ前進した。そして、ついに水深九尋のところへ錨をおろした。すでに夜になっていたが、月が出ていてとても明るかった。三〇分ほど過ぎたころから、ひじょうに大きな波が立ちはじめ、船は木の葉のようにもまれ、今にも海底に突き当たるのではないかと皆、恐れおののいた。

さらに、錨のチェーンが切れたため、われわれは難破することを覚悟した。絶えず砕ける波や叫び声や泣き声のため、混乱はさらに増し、皆、もはや誰が命令を下すべきなのか、誰が命令を受けるべきなのかまるでわからなくなってしまった。士官たちはすっかりおびえ、死の恐怖にとらえられて、二番目の錨（のチェーン）が切れたら、新しい錨を大波の中へ投げこめと叫ぶばかりであった。こうして彼らが二つの錨を一〇分足らずのうちに失ったとき、ついに現在のオフツィン大尉と水夫長が船首にやってきて、もうそれ以上錨を投げこむことを禁じた。砂州の上で波にもまれているかぎり、それは効果がないからであった。彼らは逆に、船を漂流させるよう命じた。

こうしてわれわれが砂州と大波を通り過ぎてその内側に入ると、船内で理性を保っていたこのただ二人の男は、最後の錨をおろさせた。今や、われわれは砕ける大波と岸との間にいて、まるで静かな湖にいるようにすべてはたちまち静まり、座礁の脅威は去った。

われわれが死を目の前にしているとき、危険のさなかにあってさえ笑わずにはいられないような、どれほど馬鹿げたことが口に出されたかは、つぎの事実が何よりもよく表している。海水はひどく塩辛いだろうかと心配している男がいたのである。まるで、淡水の中で死ぬほうがよいとでもいうように——。

別の男は次のように叫び、パニックに陥った人びとをさらにあおった。「神様！　もうだめです。神様、私たちの船には災難が降りかかっています！」今、神は、ふだん勇気で満ちあふれている心が実際にどれほど断固としたものであるかを暴露した。今まで最大のおしゃべりであり、おせっかい焼きであった男（ヒトロフのこと）が、他の人びとが神の助けをかりて脱出の道を発見するまで、姿を隠し続けた。そして人びとが道を見つけると、彼はふたたび勇ましく人びとに勇気を説きはじめるのだが、彼自身は「勇気」のため、死人のように青ざめていた。

このような騒ぎのさなかに、また別の馬鹿げたことが行なわれた。われわれは陸地に埋葬するため、死んだラッパ手と一人の兵隊の死体を数日間船に乗せてきていた。しかし、今や、彼らはなんの儀式もなしに、いきなり海に放りこまれた。恐怖にとらわれた迷信深い連中が、死体があるためにこのような恐ろしいことが起こったと考えたのである。

このようなことを除けば、その夜はひじょうに気持のよい、明るい晩であった。

一一月七日——引き続き気持のよい日で、北東の風が吹いた。朝のうち、私は身近にもてるだけの荷物を荷づくりして過ごした。次に激しい嵐がきたら、船をつなぎとめておくことは不可能であり、海に流されるか、岸に打ちつけられてばらばらになってしまうことは明らかだと思ったので、私は私のコサックと、プレニスネルと、それに数人の病人といっしょに、真っ先に上陸した。

まだ岸につかないうちに、異様な、不安を感じさせるような光景がわれわれの目に入った。すなわち、陸地から無数のラッコがわれわれのほうに泳いできたのである。遠くから見て、これを熊と思ったものや、クズリと思ったものもいたのだが、あとで残念ながらこれがラッコであることがまったくはっきりした。

上陸するとすぐに、プレニスネルは銃をもって獲物を探しに出かけ、私はあたりの自然条件を調べた。私はさまざまな観察を行なったのち、夕方近く病人たちのところに戻った。するとそこにワクセル中尉がいた。彼はひじょうに弱々しく、ぐったりしていた。われわれは茶を飲んで元気を回復した。何よりも私はこういった。

「ここがカムチャツカかどうか、神のみぞ知るですな！」しかし、彼からは次のような答えが返ってきた。

「他のどこでありえますか？　すぐに馬を迎えにやりましょう。しかし、船はコサックたちにカムチャツカ河口まで運ばせましょう。錨はいつでも手に入れることができます。今、もっとも重要なことは、隊員たちを助けることです」

とかくするうちにプレニスネルも帰ってきて、今まで見てきたことを話した。彼はライチョウを数羽撃ってきており、からだを回復させるため、隊長に新鮮な血液を飲ませてほしいといって、中尉にそれを船までことづけた。しかし私は、サラダにするため、キンレンカのような草を少しばかり届けることにした。

しばらくすると、コサック二人と砲手が一人やってきた。彼らはラッコとオットセイを二頭ずつ撃ったといい、われわれにはこれはすばらしいニュースと思われた。栄養をつけるために肉をもってこなかったことに文句をいうと、彼らは出かけていってオットセイを一頭運んできた。彼らには、食べるとすればラッコよりもオットセイのほうがよいと思われたのである。夜になると、私はライチョウを二羽使ってスープをつくり、これをプレニスネル、若いワクセル、それに私のコサックといっしょに食べた。一方、プレニスネルは流木と古い帆布で小屋をつくり、その夜われわれは病人たちといっしょに食べた。一方、プレニスネルは流木と古い帆布で小屋をつくり、その夜われわれは病人たちといっしょに、その中で眠った。

一一月八日――この日も好天気に恵まれた。朝方、プレニスネルと私は、彼が鳥を撃ち、私は何か他の食物を探して、昼ごろまたここで落ち合うことをきめた。私はコサックを連れて、まず岸づたいに東へ進み、さまざまな珍しい自然物を採集したり、ラッコを追いかけたりした。しかし、私のコサックはホッキョクギツネを八頭も撃った。私はその頭数や肥り方、それにキツネが人を恐れないことにひじょうに驚いた。

また、私は岸に近い水の中にマナティ〔カイギュウ〕をたくさん見た。私はこの動物をこれまで見たことがなく、今でも、いつも半分水の中にいるので十分に見ることができなかった。しかし、この動物はカムチャツカのどこでも見かけないと私のコサックが断言したことや、高木や灌木がどこにも見られないことから、私はここがカムチャツカであることを疑いはじめた。特に、南の空に海の雲がかかっていることは、われわれが海に囲まれた島にいることを十分に示していた。

昼近く、私は小屋に戻った。昼食後はプレニスネルとコサックといっしょに海岸に沿って西へいき、森でも、小さな林でも探してみることにした。われわれは何も見つけることができず、数頭のラッコを見、若干のホッキョクギツネとライチョウを撃っただけだった。帰路、われわれは小川のほとりに坐り、茶を飲んで一服しながら、もう一度うまい水を飲み、しっかりした大地に立ちえたことを心から神に感謝した。同時に、われわれがいかに恵まれていたかを思い起こし、また若干の人びとの不条理な行動を思い出した。

その日は、船に大小を問わず、あるだけの錨を取りつけて、できるかぎり船をしっかりと固定させる努力が行なわれ、そのためボートは岸にやってこなかった。夕方、われわれが食事を摂ったあとでたき火のまわりに坐っていると、ホッキョクギツネが一頭飛び出してきて、われわれのすぐ目の前でライチョウを二羽取っていった。キツネはのちに多くの悪さや盗みをすることになるが、これがその最初だった。

私は病気で弱っているコサックを元気づけてやらなければならなかった。彼は自分の不幸の原因は私にあると思っていて、われわれをこのような苦境に導くことになった私の好奇心を責めたが、こうしたことが将来のわれわれの友情の第一歩を築いた。私はいった。

「元気を出せ。神が助けてくださるさ。ここが祖国ではないとしても、いずれ帰れる希望はあるのだ。お前は餓死することはない。お前が働けなくなって、私の世話をできなくなったら、私がお前の世話をしてやるよ。お前の正直さも、お前が私に何をしてくれたかもわかっている。私のものは、すべてお前のものだ。ひとことといってくれれば、神が助けてくださるまで、私はすべてお前と平等に分けよう」

しかし、彼はいった。

「ありがとうございます。私は喜んであなたにお仕えします。でも、私をこのような不幸に落とし入れたのはあなたです。この人びととといっしょにでかけることをいったい誰があなたに強制しましたか？　あなたは、ボリシャヤ川のほとりにいても、十分楽しくやっていくことはできたではないですか」

私は彼の率直さに心から笑って、いった。

「神のおかげで、私たちは二人とも生きている。お前をこの悲惨な状況に引きずりこんだのが私だとすれば、神の加護とともに、お前は私の中に生涯の友人と保護者をもつことになるのだ。私に悪意はなかったのだ、フォーマ。だからお前も悪い気持は捨ててくれ。それに、お前が家にいたとしても、何が起こっていたかはわからないのだよ」

一方、私はこれをきっかけとして、今われわれがいるところがカムチャツカではなく、島であることが明らかになった場合、小屋を建てて、どうやって冬の間、身を守っていくことができるかを考えはじめた。そこで、その夜、私はプレニスネルに、あらゆる事態に備えるために小屋を建てることと、どのような状況がこようとも、皆が良い友人として言葉や行動で互いに助け合っていくことについて、相談をもちかけた。彼は私を落胆させないため、表面的にではあるが、ここが島であるという私の意見には同意しなかったが、小屋を建てるという私の計画には賛成した。

一一月九日――東の風、天気はさして悪くもなし。午前中、小屋を建てる場所を探し、材木を集めるために出かけ、その日のうちに場所を選定した。のちにわれわれだけでなく、全隊員がここに小屋を建てて越冬することになった。

しかし、われわれはそのことよりも、ホッキョクギツネを殺すことに忙しく、私とプレニスネルは一日で六〇頭を獲った。何頭かは手斧でなぐり倒し、何頭かはヤクート族のパルマ〔ナイフ〕で刺し殺したものであった。夕方近く、われわれは古い小屋へ帰った。そこには、また、数人の病人が船から運ばれてきていた。

一一月一〇日――東の風。午前中は晴れ、午後からは曇り、夜は風が吹き荒れ大量の雪を降らせた。われわれは荷物を全部、一ウェルスタほど離れた、前日に住居を建てるために選んだ場所に運んだ。その間に、さらに病人が船から運ばれてきた。この中には隊長も含まれていて、彼はその夕方と夜をテントで過ごした。私は他の人びととともに彼に付き添い、彼の平静さと不思議な満足を見て驚嘆した。彼は、この土地について私がどう思っているかをたずねた。私は、ここはカムチャツカのようには思えないこと、動物の数がきわめて多いことと、人を恐れぬ図々しさからみて、ここには人がほとんど、もしくはまったく住んでいないのは明らかであること、しかし、それでもここで見られる地上の植物の数や割合や大きさはカムチャツカと同じであり、他方、アメリカで発見される特殊な植物がここでは同じような場所に見られないので、ここはカムチャツカからさして遠いところではありえないこと——などを答えた。その上、私は浜辺で、横桟（よこざん）の入ったポプラ材の窓のブラインドを見つけていた。それは何年か前に潮によって運ばれ、のちにわれわれが小屋を建てる場所の近くの砂に埋まっていた。私はそれを見せ、これが間違いなくロシアの細工であり、おそらくはカムチャツカ河口に建っている倉庫からきたものと思われることを指摘した。あまり可能性はないが、もしここがカムチャツカであるとすれば、もっとも考えられるのはクロノツキー岬だろう。

　しかし、私は次のような経験から、この点についての私の疑念を明らかにした。すなわち、私は一日目に浜で見つけた一個のキツネわなを示した。このわなの歯は、鉄の代わりに、いわゆるツノ貝でつくられているが、この貝がカムチャツカで産出するとは聞いたことがなく、したがってこれは海がアメリカから運んできたものにちがいないと思われる。アメリカでは鉄がないため、このような工夫が行なわれているのに対して、カムチャツカでは交易によってすでに鉄が豊富にあり、こうした工夫は必要ないであろう。私は同時に、ここで見た未知の海獣、マナティのことや、反対側に当たる南方の雲の性質についても話した。これらの説明に対して、私は次のような答えを受け取った。

「船はおそらく助けることができないだろう。神よ、われらの大型ボートだけはお助けください」

　夕方、昼間プレニスネルが撃ったライチョウを隊長といっしょに食べたあとで、私は外科医補佐のベトゲに、望むならわれわれといっしょに暮らしてもよいというと、彼はそれに感謝した。こうして、今やわれわれの仲間は四人になった。そこでわれわれは新しい本拠地となるべき場所にいき、たき火のそばに坐って茶を飲みながら、計画をどのように実行に移すかについて話し合った。私は近くに小さな掘立小屋をつくり、私の二枚のオーバーコートと一枚の古い毛布でおおった。側面の穴は、われわれが日中殺して積み上げてあったキツネの死体でふさいだ。それからわれわれは眠ることにしたが、ベトゲは隊長のところに戻った。

真夜中近く、大量の雪をともなう強い風が吹き始めて屋根を吹き飛ばし、われわれ三人は小屋から追い出された。われわれは浜辺を走りまわって流木を集め、二人用の墓穴のように掘った竪穴に運び、そこで夜を過ごすことをきめた。われわれは穴の上に材木を交互に横たえ、その上を衣類、オーバー、毛布などでおおった。火を起こしてからだを温め、ふたたび眠り、こうしてありがたいことに、きわめて快適な夜を過ごした。

次の日（一一月一一日）、私は海へいってアザラシを獲ってきた。そしてその脂肪と豆を煮て、三人の仲間といっしょに食べた。その間に彼らはシャベルを二本つくり、われわれの竪穴を広げはじめた。

午後、隊長が担架でわれわれのところに運ばれてき、最初われわれが住居を建てる場所ときめていたところに帆布のテントが建てられた。われわれは隊長と、竪穴にやってきた士官たちに茶をふるまった。

夕方近く、二人の士官は船に戻っていった。ヒトロフはワクセル中尉に、海上の船内で越冬すべきだと提案してさえいた。彼の考えによれば、海上のほうが、陸上よりも温かく、快適であり、陸上では材木がないので、冬中テント生活に耐えなければならないというのであった。この提案は、今のところはきわめて賢明なものと考えられていたが、三日後に、船長が自分の意思で上陸してくると、もうどのような言葉をもってしても船に戻らせることができず、のちに船を岸辺に引っ張り上げることにした。

しかし、われわれは竪穴の住居をさらに掘り広げ、岸辺の到るところを探して、屋根や内部の造作のための流木を集めた。

この夜、われわれは簡単な屋根を取りつけ、管理官補佐のロセリウスを五人目の仲間に迎えた。まだ力が残っていた他の数人も、同じような方法で凍った砂地に四角い穴を掘り、次の日それを帆布で二重におおって、病人が雨露をしのぐところとした。

一一月一二日――われわれは住まいづくりに最大限に精を出して働き、別の連中もわれわれの例にならって、同じ方法で彼ら自身のための穴を掘り、三番目の竪穴住居がつくられた。これをつくったのは水夫長のアレクセイ・イワノフで、この住居は彼の名前を取って呼ばれることになった。日中、たくさんの病人が船から運ばれてきた。あるものは、あの砲手の場合のように、外気の中へ運び出されるとすぐに死んだ。あるものは、兵士サビン・ステパノフのように途中のボートの中で、またあるものは水夫シルベステルのように岸につくと同時に死んだ。

岸辺はどこも、惨澹たる、恐ろしげな光景ばかりであった。死体は、埋葬もできないうちに、キツネに手足を食いちぎられた。キツネは、砂浜にむき出して寝かされている、まだ生きている抵抗力のない病人さえ襲い、犬のようにその匂いを嗅ぎまわるのであった。病人たちは、寒さのため、あるいは飢えや渇きのため泣き叫んだ。多くのものたちは、壊血病のため口がひどく冒されていて、痛くて何も食べることができないのであった。歯ぐきはスポンジのように腫れあがり、黒褐色になって歯の上まで盛りあがり、歯をおおい隠していた。

　ホッキョクギツネは今やわれわれのまわりに無数に集まっており、その習性や天性とは逆に、ますます人間の目を恐れず、害をなし、敵意を示すようになった。荷物はことごとく引っ張り出し、靴底の革を噛み、食料を食い散らかし、人びとのブーツや、靴下や、ズボン、手袋、コート等々、なんでも盗んでもっていってしまった。これらのものは野天におき放しになっており、健康な人間がいないため、守ることができなかったのである。鉄製のものや、その他彼らが食うことのできない種類のものでも、漁りまわり、盗むのであった。

　この不埒な動物たちは、将来いっそうますますわれわれを悩ませ、苦しめるように思われ、実際そうなった。おそらくわれわれは、ペリシテ人のように、高価なカムチャツカのキツネの毛皮を熱心に求めたことに対して、今キツネによって罰を与えられていたのかもしれない。われわれがたくさんのキツネを殺し、他のキツネの見ているところで最も残酷な復讐をするために、皮を半分剝ぎ、目玉をえぐり、耳や尻尾を切り落とし、半分火にあぶるなどして逃がしてやったりすればするほど、彼らはますます悪意を強め、大胆不敵になっていくように思われた。そうして彼らはわれわれの住居の中にまで押し入り、何でも手当たりしだいに、外へ引っ張り出していくのだった。ときどきではあったが、彼らは小ずるく、おかしないたずらをして、悲惨な状況にあるにもかかわらず、われわれを笑わせた。

一一月一四日——午後、私はプレニスネルおよびベトゲとともに、初めて猟に出かけた。あるいは、のちに用いたシベリア式のいい方をすれば、プロミスルに出かけた。われわれは四頭のラッコを棍棒で打ち倒した。そのうちの二頭は小川に放りこんだが、のちにその場所はボブロバヤ・レチカ（ラッコ川）と呼ばれることになった。われわれが彼らを殺した場所はボブロボエ・ボーエ（ラッコ原）という名前がつけられた。しかし、いちばん良い肉は、皮や内臓といっしょに小屋にもち帰った。

小屋に帰りついたのは夜になってからであった。われわれはこれらの動物の肝臓、腎臓、心臓、それに肉を使ってうまい料理をつくり、感謝をもってこれを食べた。同時に、将来神がわれわれからこのような食料を奪い給うことのないよう、あるいはいやらしく、憎々しいキツネを食わなければならないような状況に立ち至ることのないよう祈るのであった。しかしこのキツネについても、われわれは用心のため、これを皆殺しにしようとは思わず、ただ脅かして追い払いたいと思うだけであった。高価なラッコの毛皮も、すでにわれわれには価値を失った重荷と思われた。そして、これを乾かして処理する暇もないので、放り出したまま一日一日と日が過ぎ、ついには他の多くのものといっしょに、すっかりだめになり、キツネに食いちぎられてしまうのであった。

一方で今やわれわれは、以前にはほとんど何の注意も払わなかったような多くのものを貴重品と考えるようになっていた。例えば、おの、ナイフ、きり、針、糸、靴ひも、靴、シャツ、靴下、杖、ひも、その他、たいていの人が以前には身をかがめて拾おうとさえしなかったような品々である。ここでは階級、学識、その他の違いは将来何の役にも立たず、生活の手段とはなりえないことを誰もがはっきりと知っていた。

そこでわれわれは、恥辱と必要によって追いこまれる前に、あとで笑われたり、命令が下されるのをただ待つのではなく、各自に残されている力をもって働くことにした。すなわち、われわれ五人は、まだ手元に残っていた食料について共有制を導入し、家事作業も最終的に不足の生じないようなやり方を整えた。われわれのグループの残りのものたち、すなわち三人のコサックたちと、隊長の二人の従者——彼らはのちにわれわれが引き取った——については、以前とまったく同じではないが、日常の必要物資はすべてわれわれが与える代わりに、われわれが皆で決定したことにはなんにでも服従しなければならないということにした。

一方われわれは彼らを味方につけ、将来の災難の際に彼らの忠誠を当てにできるようにするため、彼らを少し丁寧に父称と洗礼名によって呼ぶようにした。[4] すると、間もなく、ペーテル・マクシモビッチと呼ぶほうが、以前ペトルーシャと呼ばれていたときよりもよく働くことを知った。

この夜われわれは、将来の家事作業をどのように整理していくか、予期せぬあらゆる災難に対して、あらかじめどのように備えるか、アジア大陸へ帰る希望をできるかぎりつないでいくためにどうしたらよいかなどを話し合った。

4　ロシアの習慣では、対等あるいは目上の人に対してのみ、洗礼名と父称とを並べて呼ぶ。語尾に……ビッチとついているのが父称である。洗礼名だけというのは相手を見下した呼び方で、それが愛称の形となるとその程度がいちじるしくなる。

また、われわれがかくも短時間の間に落ちこんだこの不運な状況について話し合った。ここでは、誰もが当然の権利をもっている人並みの生活などは考えず、今や惨めな生存を維持するためにだけ、このように慣れない方法で働くことを余儀なくされているのだ。それでもわれわれは勇気を失うことのないよう可能なかぎり最大限の陽気さと真剣さをもって他の人びとの幸福と自分自身の利益のために働こう、またわれわれの努力によって皆の力と事業を誠心誠意支えていこうと励まし合った。

今日〔一一月一二日に戻っている〕私は、まだ乳を飲んでいるラッコの子どもを隊長のところへもっていって、他に新鮮な食物がないときにこれを料理する方法を細かく教えた。しかし彼はひどい嫌悪を示し、環境に適応してしまった私の味覚を疑った。彼は可能なかぎり、ライチョウを食べることを好んだ。われわれの仲間は、彼が食べきれないほどこれを彼のもとに運んだ。

一一月一三日――住居の建設が続けられた。われわれは三つの班に分かれた。第一班は船にいって、病人と食料を陸へ運ぶために働いた。残りのものは、大きな木材をレスナヤ・レチカ〔木材の小川〕とわれわれが名付けた場所から四ウェルスタの距離を引っ張ってきた。しかし、私と病気の砲手は小屋に残って、私は台所仕事をし、砲手は木材その他の物資を引っ張るためのそりをつくった。

私はコックの仕事の他に、もう二つの小さな仕事を引き受けていた。一つはときどき隊長のところへいって、いろいろと手をかすことだった。今や、二人の従者に世話をしてもらうことはほとんど期待できなかったからだ。さらに、安定した家事運営を始めたのはわれわれが最初だったので、からだが弱ったものや病人に援助を与え、彼らに温かいスープを運ぶことも私の仕事となった。これは、彼らがいくぶん回復し、自分で自分のことができるようになるまで続けられた。

この日、バラックが完成し、午後には多数の病人を運び入れたが、スペースが狭いため、まだ地面の到るところに、ぼろ布や衣類でおおわれた病人が横たわっていた。誰も他人の世話をできるものはなく、聞こえるのは悲嘆と苦痛を訴える声ばかりであった。人びとはくり返し、くり返し、彼らに不運をもたらしたものたちに対する復讐のため、神の審判を下したまえと祈るのだった。その光景はまさに惨澹たるものであり、もっとも心の猛きものたちでさえ、これを見ると勇気を失いかねないものであった。

一一月一五日――やっと、病人が全員陸へ運び上げられた。われわれはそのうちの一人、ボリス・ゼントをわれわれの小屋で世話するために運んでいった。神は三カ月以内に彼を健康に戻し給うた。ヒトロフも自分をわれわれの仲間に加えて、一隅を与えてくれと嘆願した。水夫たちが昼夜を問わず彼の過去の行為を責め立て、脅すので、これ以上その中にいることに耐えられなかったのである。しかし、われわれの小屋もすでにいっぱいであり、誰も他の人びとの同意なしに何ごとも引き受けることは許されなかった。そして、彼には全員が等しく侮辱を受けていたため、皆が彼を受け入れることに反対し、また特に、彼の病気が主として怠け心からきているものであり、彼がわれわれに災難をもたらした張本人であるため、皆、徹底的に彼を拒否した。

日を追うにつれて、われわれの悲惨さと仕事の量は増大していった。最後に、ワクセル自身も陸に運ばれてきた。彼は壊血病にひどくやられており、われわれは皆、彼の生命について希望を捨てていたが、それでもかつての仕打ちは忘れて、食料や薬をもって彼を助けることは怠らなかった。

われわれは彼の回復を強く願っていた。彼の死後ヒトロフが最高指揮権を握ったとき、全隊員の憎悪のためあらゆる規律が破壊され、われわれの脱出のために必要な仕事が遅れ、あるいは完全に妨げられてしまうことが恐れられたからである、われわれは、また、隊員に、彼とその他何人かの病人のために別の小屋を建てさせたが、それが建つまでの間、彼はバラックでこのような状況に耐えなければならなかった。

この数日の間に、われわれはいくつかのニュースを得た。それは全員をさらに落胆させるものであった。状況を偵察するために出された隊員たちは、西のほうでこの土地がカムチャツカにつながっているらしい形跡を何一つ発見できず、また人間が住んでいるほんのかすかな痕跡も見つけることができなかったのであった。

それだけでなく、絶えず嵐にさらされているため、船が海に流されてしまい、船といっしょにわれわれの必需物資と脱出の望みが一時に失われてしまうのではないかという恐れも毎日のように感じていた。高波のため、ボートで本船にいくことができず、できるだけ多くの物資を陸揚げしようという望みが達せられないという日が何日も続くこともしばしばであった。さらにその上、これまで絶え間なく、もてる力以上の働きをしていた人たち、この月の終わりまで、腋の下まで冷い水につかって働くことも多かった人びとが一〇人から一二人、やはり同じように病気になってしまった。要するに、困窮、欠乏、寒さ、湿気、疲労、病気、焦燥、絶望が日々の客であった。

一一月の終わり近く、一瞬の幸運によって、船が嵐の中で浜に押し上げられた。人力では、とてもこれ以上うまくはなしえなかっただろうというほど、うまくいった。それによって、乏しいものではあったが、食料と資材を手元に保存できる希望が大いに増し、同時に水の中を船までいくという仕事が不必要になったので、われわれは数日後からは当分あらゆる仕事をやめてしまい、からだが回復しはじめた。必要な家事作業だけを続けた。

ふたたび三人の男が、東のほうの情報を収集するため送り出された。ここがカムチャツカかもしれないという望みはまだすっかり捨ててしまっていたわけではなかった。緯度測定に誤りがあったため、おそらくカムチャツカのオリュトラのあたりと考えられ、キツネがたくさんいることも、その可能性がありそうだと思わせていた。別の一部の連中は、ここはクロノツキー岬だと信じていた。その誤りは容易にわかるものだったが、彼らはこのような希望を燃やし続けて、自分自身に快い夢を見させておきたかったのである。

多数の人びとが、ごく初めのうちに浜辺で死んだ。われわれはそのうちでもとくに、年を取った老練の仲間であったアンドレアス・ヘッセルベルグの死を悼んだ。彼は五〇年以上海で働き、七〇歳でも常にみごとにその職務を果たし、秀でて有能な男という名声とともに墓に入った。彼の忠告は無視されてしまったが、それはもっと以前にわれわれを救っていたはずのものだっただろう。彼の他に、そこで兵隊が二人、砲手が一人、船長の従者、水夫が一人死に、ついに一二月八日にはベーリング隊長が逝った。のちにこの島には彼の名前がつけられる。その二日後には彼の元副官であった一等航海士ホチャインツォフが死に、一月八日には旗手のラグノフが死んだ。われわれの仲間で三〇番目の、そして最後の死者であった。

隊長の悲劇的な最期は、さまざまな人びとにさまざまな感慨を与えており、私はここでしばらく話を中断して、彼の過去について少し述べておかなければならない。

ヴィトゥス・ベーリングは生粋(きっすい)のデンマーク人で、行ない正しく熱烈なキリスト教徒であった。彼の行ないは礼儀正しく、親切で、物静かで、階級の高低を問わず、すべての部下からあまねく愛された。インド諸国へ二回航海したのち、一七〇四年に大尉としてロシア海軍に入った。一七四一年に軍務を終えるまで、最高の忠誠をつくし、一等大尉にまで昇進した。彼はさまざまな事業を遂行するための仕事についたが、そのうち最も注目されるのが、二回のカムチャツカ探検である。

公正な人ならば、彼が自分に課された任務を常に力と能力の限りをつくして遂行しようと努めたことを認めないわけにはいかないだろう。しかし彼自身は、彼が考えていたよりも規模が大きく、広範なものとなった困難な探検に耐えるだけの力がもはやなく、このような仕事をロシア国民のもっと若く、活動的な人の手にゆだねたいと告白し、嘆くこともしばしばあった。

よく知られているように、故人は生まれつき決断や行動が速いほうではなかった。しかし彼の誠実さ、冷静な気性、慎重さなどを考えると、もっと情熱や激情をもった別の人間が、これらの辺ぴな地域に荒廃をもたらすことなく、この仕事の数えきれないほどの困難や障害を克服することができたかどうかについては疑問が残る。彼のように私利私欲に走ることのない指揮者でさえ、この問題について、部下を十分に抑えておくことはできなかったのだから――。

この秀れた男に対して向けられうる唯一の非難は、彼の寛大な命令のため、彼の部下が羽目をはずしすぎ、しばしば思慮の浅い行為によって害をなしているが、これは彼も同罪だということである。彼はまた、士官たちを少しばかり買いかぶり、彼らの知性や経験を信頼しすぎており、そのため最後には士官たちが思い上がって、そばのものをすべて、ついには指揮官自身をも侮るようになり、感謝の気持もなく、服従することを忘れてしまった。

故人はよく、若いころからいかにすべてが順調に進んだか、わずか二カ月前まではいかに幸せな環境にいたか、神への感謝とともに、よく思い出を語っていたが、それだけにいっそう彼の悲しく、惨めな最期が哀れに思われる。もし彼がカムチャツカに着き、温かい部屋と新鮮な食料にさえ恵まれていれば、間違いなく生きていられただろう。しかし実際には、彼はいわば飢えと、渇きと、寒さと、困苦、悲しみなどのために死んだのであった。彼はすでにずっと以前から無理に抑えた三日熱マラリアのため足が浮腫でむくんでいたが、これが寒さのためにひどくなり、腹部から胸部へと進み、ついに一二月八日の夜明けの二時間前、下腹部の炎症のため生涯を閉じた。

彼の死は彼の友人たちには悲惨なものと思われたが、それだけ彼の静けさと、別離に対するまじめな準備は賞賛に値するものであった。彼は死の瞬間まで、理性とものをいう力をまったく失うことがなかった。彼自身は、われわれが未知の土地に漂着したことを確信していたが、それを口に出して他の人びとを落胆させたりしたくはないと思っており、逆に、あらゆる方法で元気づけて希望と活力をもたせようとした。

その翌日、われわれはプロテスタント教会の儀式にのっとって埋葬を行なった。彼の遺体はわれわれの小屋の近く、副官、兵站将校、それに二人の兵隊の間に埋められた。ここを発つとき、われわれはその墓の上に墓碑として木の十字架を立てた。これはまた、われわれがこの土地を領有したことをしめすしるしともなるだろう。

指導者の死後、われわれの作業は進み、全隊員が厳しい冬からしっかりと守られた五つの地下住居におさまった。これらの住居は最初に居住地として選ばれた場所にわきを接して並び、それぞれ、バラック、大尉の小屋、私の小屋、アレクセイ・イワノフの小屋、ルカ・アレクセエフの小屋と名づけられた。それぞれの住居の前にはいくつかの樽が並び、これは倉庫の代わりに、貯蔵した肉をキツネから守るのに使われた。われわれはまた、やぐらを組み、あらゆる種類の衣類や財産をそこに吊した。聖なるクリスマスまでには、ただ質の良い水とさまざまな海獣の新鮮な肉だけで、ほとんどの隊員が健康を取り戻し、春には脱出のための作業をさらに活発に始められるよう、もっともっと力をつけることだけに専念した。

この目的に向かってわれわれの努力は大きく三つの仕事に分けられた。第一は、海獣を獲ることだった。食料の貯蔵が十分ではないので、これを主食とし、パンは添えもののぜいたく品程度にして食いのばすためだった。一一月半ばから五月の初めまでは、各人に月三〇ポンド〔一四キロ〕の小麦粉が渡された。七月と八月にはこれも中止され、われわれは肉だけで満足しなければならなかった。全員の同意によって、二五プード〔四〇〇キロ〕の小麦粉をカムチャツカへの航海のために取っておくことになったのだ。それでも、皆、自分の支給分を大いに節約して使ったので、最後の月にもパンがないものはほとんどおらず、どの小屋でも航海に備えてビスケットをつくる余力ももっていた。このビスケットの半分は、二〇プードの小麦粉とともに、アワチャの港に着いたときにも残っていた。

われわれの唯一の不運は、小麦粉が革袋に固くつめこまれて二―三年間放置してあったものであり、船が座礁したときに船庫内で海水に溶けた物質、とくに火薬がたっぷりとしみこんでいたことで、これを食べるときには誰もその味のことは考えないようにした。食べ慣れるまでは、腹にガスがたまって、からだが太鼓のように脹れあがるのであった。オーブンがないため、本当のパンを焼くことができなかったので、ロシア式にこの粉をアザラシの脂肪か鯨油、終わりごろにはマナティの脂肪で揚げて小さなケーキをつくり、皆に一つずつ配った。

一二カ月近くののち、出発する少し前になって初めて、われわれは二台のオーブンを築くことに成功し、ふたたびパンを食べるというぜいたくを味わったのであった。獲物はたいした努力もせずにたくさん得られたはずだったが、隊員たちが、多くはただの楽しみだけのために、なんの規律も秩序もなしに動物たちの中で暴れ回ったり、のちには強欲さや博奕のために皮を取る目的で、ラッコを殺して肉は捨ててしまったりしたため、終わりころには、島のもっとも遠いところまで狩りに出かけなければならなくなった。

第二の大きな仕事は木材の運搬であった。これは最大で、かつもっとも困難な仕事の一つと考えられた。背の低いヤナギの灌木を除けば、この島のどこにも樹木は見当たらず、海によって打ち寄せられた流木――それもさして多くはない――は、ときには一アルシン〔約七〇センチ〕、ときには一尋もの雪に埋まっていた。近くで見つけられる流木は、初めのうちに小屋を建てたり、燃料にするために拾い集めてしまっていた。一二月には、すでに四ウェルスタ、三月になると一五―一六ウェルスタなければならなかったが、一月から二月には約一〇ウェルスタも離れたところから引いてこなければならなかったが、一月から二月には約一〇ウェルスタも運ばなければならなかった。しかし雪が減ってくる四月になると、この作業は突然中止された。

十分な量の流木が近くで雪の下から姿を現わしてきたばかりでなく、古い船が解体され、そこで新しい船の建造が始まると、暖房や調理用の木っ端は十分に得られるようになったからでもあった。しかしわれわれは胸の前に一本の横木を渡し、海獣と木材をこれに結びつけて運んだ。

荷物の重さはふつうでも六〇ポンド、八〇ポンドに達することも多かった。しかもこれは、おのや、ポットや、靴や洋服をつくろう道具類は勘定に入れないでの話であった。皆、このようなものをいつも携帯し、衣類や靴が破れたときなどには、すぐにそれを修理しなければならなかった。このような用途や靴底用に、食料品を入れた革袋やナップザックは少しずつ切り刻まれていった。

第三の仕事は家事の管理であった。料理は絶えず行なって、作業をしてきた人がいつ帰ってきても、たっぷりとものを食べられるようにしておかなければならなかった。そこでわれわれの小屋では、毎日一人、もしくはドイツ人とロシア人の二人一組が猟に出かけ、ドイツ人とロシア人が一人ずつ台所仕事をし、残りが木材運びに出かけるというような作業分担を定めた。のちに、他の全員がこのような分担方式をまねした。こうした状況の中で、われわれはすべての祝日を祝い、独自のやり方で楽しんだ。

一二月二六日――二度目に送った偵察が戻ってきて、われわれがいるところは島であると報告した。彼らは東の一帯を歩き回ってきたのであった。しかし彼らは、浜辺で船の舵、魚を入れる樽の底、その他似たようなものを発見しており、カムチャツカはここから近いにちがいないという結論以外にはありえなかった。

一月二九日――われわれの仲間が初めてトドを撃った。その肉は質も味もとくに良く、もっと手に入れたいと思った。脂肪は牛の骨髄のようであり、肉はほとんど子牛のようであった。

二月一日から八月二七日まで

二月一日――激しい北西の風と、ひじょうな高潮のため船が浜のずっと高いところに運ばれ、春になってふたたび錨を引き揚げることができればの話だが、高潮のときに船をふたたび海に浮かべることができるのではないかという少なからぬ望みをもった。船の中に入った水が抜けていかないので、船底はあまり破損していないにちがいないとわれわれは考えていたからである。このように誤って信じることになったのは、船の内側が砂でほとんどいっぱいになっていて、水が抜けなかったためであった。それでも、このように船が浜に高く押し上げられたことは、のちに船を解体するとき、われわれの手間を大いに省いてくれた。

二月二五日――穏やかな天候が続いたので、われわれはこの土地の西のほう一帯を調べるため、三回目の踏査隊を出すことにした。このため、舵手補佐のユージンと四人の男が送り出された。しかし、彼らは六日後にわれわれの居住地から六〇ウェルスタのところにある、北へ突き出した岬に到達しただけで、踏査はすっかりラッコ猟となり、三月八日には天候がふたたび悪化しはじめたため戻ってきた。そして――後で誤りであることがわかったのだが――切り立った断崖が海に落ちこんでいるため、そこから先へ進むことができなかったと報告した。

三月一〇日――われわれはふたたび会議を開き、水夫長のアレクセイ・イワノフ――全員が一致して彼を指名した――にレスナヤ川のところでこの土地を横断したのち南へ進み、海岸に沿って島のはずれに達するまで、あるいはここが本土と陸続きであるならば、本土に達するところまでいってみるようにという命令が下されることになった。まだ、われわれはクロノツキー岬で座礁したのではないかと考えていたのである。

この偵察隊は三月一五日に出発したが、思いがけなく一九日に戻ってきて、ふたたび険しい岩壁が海に落ちこんでいて南へはそれ以上進めなかったと報告した。しかし、彼らもまた、正しい道を見逃していたのであり、そのことはのちに私が自分で出かけて発見する。しかしそれでも、彼らは注目に値する情報を二つもち帰っていた。すなわち、その第一は、前年の冬にアワチャで建造された軽帆船の破片が発見されたことであった。大工のアクーレフが、この破片は彼がアワチャでつくったものであることを認めた。第二に彼らは、陸上にいた初めて見る動物のことを説明したが、その説明からみてそれはオットセイと思われた。

三月二二日――この同じ水夫長と前の仲間が、前の命令にもとづいて再び出発した。命令の内容は変更され、北側を進んで最北端までいき、そこからさらに南へ転じて陸路を進むこと、もし南方に障害物があったら、山脈を横断するか、山脈に沿ってふたたび北へ進み、本土のどこか、または島のもう一方の端に達するまでいってみることというものであった。島の両端が確認された場合は、新しい船の建造にそれ以上の障害を与えないよう、全員が急いで戻らなければならないとされた。しかし、彼らが本土もしくはカムチャツカに到達した場合は、偵察隊の半数は報告のためアワチャまで進み、残りの半数はこのことを知らせるため本隊に戻ることになっていた。われわれの小屋の三人といっしょに私もこの偵察隊と同行し、レスナヤ川で初めて島を横断した。

ここでその同じ日に、われわれはラッコの大殺戮を行なった。彼らは安全と思いこんで大群をなして横たわっており、われわれが肉のほうを重要視したり、群れの幸せのことを考えたりせず、高価な毛皮だけを目的としていたら、おそらく一〇〇頭でも撃ち倒すことができただろう。

春になって雪がしまってきたので、われわれは陸地を南へ横断することができるようになった。南側ではラッコやアザラシがまだ脅かされて追い散らされておらず、たくさん見られた。そこでわれわれは、この道は遠く、山があってつらい行程ではあったが、少なからず希望を燃やし、しばしばこの新しい地域に出かけた。しかし、この道で、隊員の三分の一近くが失われていたかもしれないような恐ろしい事件が三回起こった。

四月一日——管理官補佐のロセリウス、外科医補佐のベトゲ、護衛水兵シンド、それにコサック一人が、いつものように狩りにいくため、キャンプを出発した。夕方近く、北西から猛烈な嵐が襲ってきて、歩き続けることもできず、目の前の足跡も見えなくなった。その上、夜の間に六フィートも雪が降った。われわれはこの島で、これまでこのような嵐に出会ったことはなかった。狩りに出かけた人びとのことを皆おおいに心配していたが、全員半死半生で帰ってきた。

一晩中雪の下にもぐっていた彼らは、朝になって雪の中からはい出し、海岸へ出るのがやっとだった。しかし、護衛水兵は他の人びととはぐれてしまい、道に迷ったものと思われた。彼ら全員にとって幸運だったことに、明け方に雪が止み、われわれがやっとのことで門口から小屋まで道をつけ終わったところへ、離ればなれにならなかった三人が、放心状態で口もきけず、機械のようにこわばって帰ってきた。外科医補佐は完全に盲になっていた。われわれはすぐに彼らの服を脱がせて羽毛布団で包み、お茶を飲ませて回復させた。

一時間後には、護衛水兵がさらに哀れな状態で、何のあてもなさそうにふらふら歩いているところを三人の男に発見され、連れ戻されてきた。彼は夜の間に小川に落ち、身につけた衣類のすべてと、それに手足までかちんかちんに凍りついていた。われわれは、彼が手と足を失うことになるのではないかと心配したが、強健な体質のおかげで難局を切り抜けた。しかし外科医補佐の目は、八日後まで回復しなかった。

もう一回は四月五日に、プレニスネル、私、私のコサック、それに隊長の従者が、天候は良くなると予想して狩りに出かけた。肉がなくなっていたのだ。天候は上々で、太陽が輝いていた。海岸に着くとすぐに、選べるかぎりのラッコを殺し、断崖のそばでたき火を燃やして夜を過ごしていた。気がつかないうちに、夜半ごろ四月一日のと同じ(北西からの)嵐がやってきて、大量の雪を降らせた。われわれが絶えずあちこち走りまわり、互いに眠りこまないようにしていなかったら、すぐに皆、雪に埋まっていたにちがいなかったほどであった。

朝になると、われわれは長い間かかって岩の割れ目か、その他の避難所を探したが見つからず、すっかり絶望的になった。やっとコサックが崖に開いた、ひじょうに大きく広々とした洞穴を見つけた。大地震でできたもののようであった。たき木と肉を運びこむと、われわれはそこですっかりくつろぎ、そこがどのような雪や風にも心配のない隠れ家であることを知った。将来、同じような場合に大いに利用価値があると思われた。ここは十分な広さがあるだけでなく、付属の小洞穴があり、食料をそこにしまって、泥棒ギツネから守ることができた。また、自然の煙突までつくられていて、洞穴の中で火をたいても煙は岩の割れ目をたどって出ていき、われわれの居住部分をほんの僅かでも悩ませることなく、洞内を適度に温めることができた。われわれは心から神に感謝しつつ、猟をしたり、休息したりしながらここで三日間過ごし、四日目に大量の獲物と良いニュースをもって仲間のところへ戻った。

彼らはすでに、われわれが二度と戻ってこないのではないかと心配していた。この洞穴ならびに入り江には、のちに私の名前がつけられた。われわれが初めてこの洞穴に入ったとき、中にたくさんキツネがいるのを見た。彼らは岩の割れ目の中に姿を消したが、のちにたき火をたいて煙がその割れ目に流れ出していくと、キツネたちのくしゃみや唸り声が聞こえはじめ、われわれは大いに笑った。しかし夜になると、一人また一人と帽子を取ったり、その他のいたずらをして、われわれを休ませてくれなかった。

われわれの数日前には舵手補佐のユージンが唯一人の船大工のほか三人を連れて猟に出かけた。この大工は一人で難船の残骸を使って新しい船を建造する準備を始めており、われわれの脱出の望みはすべて彼にかかっていた。彼らも嵐のため避難所を探さなければならなくなり、水際の近くに岩穴を見つけたが、高潮のため、食料もたき木もなしに、そこに七日間閉じこめられ、やっと九日目に帰ってきた。もうそのころには、彼らは溺れてしまったか、山から崩れてきた雪崩のために圧しつぶされて死んでしまったにちがいないと思われていた。

四月八日――われわれが小屋へ帰ると、嬉しいニュースが待っていた。われわれにとってかけがえのないこの人物（船大工）がふたたび姿を現わし、またさらに、水夫長が六日に帰ってきて、われわれが島にいることは間違いなく、北東に高い山々が見えたという情報をもたらしたというのであった。われわれがいる緯度からみて、それはアメリカの一部ではなく、カムチャツカの別の未知の島と考えるべきだというのが私の意見であった。

そうだとすれば、この島を出てカムチャツカにたどりつくためには、ここに森がない以上、古い船を解体して、小さな船を建造する以外に方法はないと考えられるので、四月九日には会議が開かれ、そのように決定された。そして、次のような手はずが定められ、これは船の解体が始まる日から、新しい船の建造が終わるまで実行されることになった。

（1）おのの使い方がうまい一二人は、常時大工仕事に当たること。

（2）士官二人と私だけを除いて他の全員は、猟とその他の作業に当たること。そのスケジュールは次のとおりとする。猟から戻った班は一日休みがあるが、その間も家事作業はしなければならず、その後で自分たちの衣類や靴のつくろいもしなければならない。三日目以降は船の建造の仕事を手伝い、次に猟にいく順番が回わってくるまでそれを続ける。

（3）肉はすべて一カ所に集め、毎朝下士官が各班の炊事係にそれぞれの割当量を分配して、大工たちの分が不足したりしないようにすること。

これに全員が賛成し、署名した後、すぐ次の日には最初の準備が開始された。すべてのものを船から運び出し、材料は海岸の一カ所にまとめた。砥石を用意し、道具類のさびを取り除いて研ぎ、鍛冶作業場を建てて、かなてこ、鉄くさび、大ハンマーなどをつくり、薪を集めて炭を焼いた。この炭焼きは骨の折れる仕事で、作業の遅れの最大の原因となった。

一八―二〇ウェルスタくらいまでのところでは、すでに動物がわれわれを恐れて逃げてしまっており、猟には遠くまででかけなければならなかったため、多くの困難が予測されたが、それでも次のような神の賜物のおかげで、われわれは思いがけなくふたたび勇気を奮い立たされた。すなわち、四月一八日と一九日にオットセイが二頭獲れたのである。それぞれ肉と脂肪を合わせて重さは二〇プード〔三〇〇キロ〕以上あり、二―三頭もあれば、探検隊全員を一週間養うのに十分と思われた。同様に、この動物の移動についてはカムチャツカの海岸で見ていて、よくわかっていたので、この後間もなくもっと多数やってくることが期待され、実際にそうなった。

まだまったく新鮮な鯨が打ち上げられて、さらにわれわれに励ましと快適さを与えた。それは、われわれが古い船の解体を始めた日の前日の四月二〇日、われわれの居住地から西へ五ウェルスタのところにあるコズロフ原の海岸であった。鯨は長さが一五尋もあった。われわれは二日間できわめて大量の脂肪と油をとることができ、島を去るときには、そのうちの何樽かは後に残していったほどであった。

五月いっぱいと六月の半ばまで、われわれはひじょうに軟らかい子どもとメスのオットセイの肉を食べて暮した。

五月五日――竜骨の上に船尾材と船首材を立てて、われわれの船の建造と将来の脱出準備が始まった。そこでワクセル中尉は全員を招き、他の飲物はなかったが、モンゴル風サトウラン、すなわちティースープをふるまった。これは小麦粉とバターでつくられるもので、われわれは希望と期待をもって、大いに楽しんだ。快い春の天候は、穏やかな空気の他にも、いくつかの利益をもたらした。雪が融けた後には、海岸のそこここに大量の木材が発見され、鍛冶の仕事に必要な木炭についてはまったく心配がなくなった。さらに、われわれは食用のうまい草の葉や草の根を手に入れ、これは食事に変化を与えるだけでなく、衰えたからだには薬としても役立った。

五月一一日以降は、雪が速やかに融けはじめたばかりでなく、南東の風とともに絶え間ない雨がやってきて、小川の水かさが増して溢れ出し、われわれはほとんど地下の住居にいることができなくなった。住居の中は一フィートか、ときには二フィートも水がたまっていた。このためわれわれは雨が止んだのち、冬の小屋を捨て、地上に夏の家を建てた。

一方、船の建造も数日遅れたが、この遅れはのちに熱意の高まりとともに挽回された。とくに古い船の解体が大いに進んだことが熱意をいちじるしく高めた。この解体作業は、船が新しくて、ひじょうに頑丈につくられていたのと、われわれには道具がほとんどないため、最初はとても達成できそうもないと思われていたのであった。新しい船の建造も、同じく日々順調に進み、希望とともに仕事に対する熱意も湧いてきて、間もなく、八月にはカムチャツカへ向かって出発できることが疑いなくなった。さらにもっと作業を促進するため、近くでマナティを獲って、隊員の食料補給を容易にした。それによって船の建造に時間と人手を余分にまわせるようになり、靴と衣類がすでにかなり欠乏している隊員たちが、山越えのきつい道を出かけていかないですむことになった。マナティ狩りはわれわれにとって大きな利益をもたらすものであったが、これについてはベーリング島に関する記述の中で詳しく述べた。

　このようにして作業はしだいに急ピッチで進めることができるようになり、またワクセル中尉の絶えざる努力と激励によって隊員たちの意気が高まって、七月には、竜骨の長さ三六フィート、船首から船尾までの長さ四二フィートの船の船体部分が造船台の上にでき上がった。その後八月一三日までの期間は、操帆装置をつくり、古いロープからタールを乾溜(かんりゅう)し、最後に船を進水させる進水台をつくるのに費やされた。この最後の問題は、われわれにとって大きな苦労の種となった。木材その他の材料の用意がきわめて乏しかったからである。一番遠い海岸から木材を引いてきた。進水台の上に大砲を置いてみて、その安定性を確かめた。

　一方、何人かは、後に残していく材料を貯蔵するための倉庫を建てた。別の何人かはオーブンを築き、航海用のビスケットを焼いた。あるものは航海に備えて鉄のたがとロープで縛らなければならない樽を修理した。またあるものは湾の底を調べて錨を探した。怠けようとするものなど一人もいなかった。皆この荒涼たる島から脱出することを切に望んでいたのだ。

　八月八日――すべてが整い、航海の準備ができ上がったので、午後に全員による祈りを捧げ、その中でわれわれは進水の成功を神に祈った。この船は使徒聖ペーテルに捧げられ、その名をとって命名された。それから全員が手を貸して船を押し出した。進水の間に船の重量が下のほうの土台にまでかかって船が坐りこんでしまい、われわれは大いに慌てた。しかし船をジャッキでもち上げ、その下に厚板を入れて補強してやると、船は海にすべりこんだ。しかし、このときにはすでに満潮が引いてきていたため、船体が完全に海に浮かんだのは、翌日の次の満潮のときのことであった。

これ以後、われわれは昼夜を問わず働いた。一一日にはマストを立て、横静索でしっかり引っ張った。次に水と食料が積みこまれ、最後に各人の荷物が積まれた。個人の荷物は限られた量しか許されなかった。

一方、大工たちはまだ、甲板に置けるような小さなボートをつくっていた。われわれの食料はライ麦粉二五プード、塩漬けのマナティの肉五樽、えんどう二プード、塩漬けの牛肉一樽などであった。この牛肉は皆がほしいものではあったが、帰りの航海のために取っておかれたものだった。この他に、バター四ポンドが各人に渡された。節約してやってきたほとんどの隊員は自分の貯えを使って航海用に半プードほどのビスケットを焼くことができた。しかし、それができないものは、自分でマナティの乾燥肉を用意した。

八月一三日――全員、心の内に多くの感慨を抱いて小屋を出て、船に乗りこんだ。この船がわれわれを故国に連れ戻ってくれるか、それとも何らかの運命を下そうとしていた。全員が船上にそろうと、われわれは初めて、居住部分がいかに狭いかに気づき、そのためなんとも困難な航海になるだろうと思った。われわれは互いに重なり合って寝、人のからだの上をはって歩いた。結局、ワクセル中尉、ヒトロフ、私、ワクセル中尉の息子が、船室の中でもっとも良い場所を占めた。残りの四二人は船倉に寝た。そこは水の樽、食料、手荷物などでいっぱいで、人びとはこのような荷物とデッキの間でほとんど横になることもできないほどであった。

水夫たちは三交替制に分けられていたので、三人に二人分の場所が割り当てられた。しかし、それでもなおスペースが狭いので、われわれは島からもってきた枕や、寝具や、衣類を海に放りこみはじめた。一方、われわれは海岸でキツネたちが大喜びしながら元気いっぱい、われわれの小屋を荒らしまわり、残された脂肪や肉を分け合っているのを見ていた。

八月一四日――朝、よい航海を求める祈りの中で、神の支援を祈ったのち、錨をあげた。島の東端を回わるのにつごうのよい西風が吹いていたので、カムチャツカ河口のほうが二倍も近く、われわれの船は秋の台風にはほとんど耐えられない状態であったにもかかわらず、真っ直ぐアワチャ湾へ向かうコースを取ることが決定された。われわれは微風を受けて進み、午後にはベーリング島と、ベーリング島の東五ウェルスタのところに、これと平行に並んでいるもう一つの島〔カッパー島、ロシア語ではメドヌイ島〕との間の海峡に出て、さらに夕刻にはベーリング島の南東端に達した。

この日は、晴れた気持の良い天気の中を島の岸に沿って進み、大いに楽しんだ。われわれはこの島のあらゆる山や谷を知っていた。食材を探し、あるいは偵察のため、この山や谷を何回も苦労しながら乗り越え、さまざまな状況のもとで、それらに名前をつけたのであった。夜遅く、われわれは島の最先端にまで達した。

八月一五日、日曜日――午前中、風は微風、島の南側がいぜん見えている。夕方近く風が強くなった。これまでわれわれのために大いに役立ってくれたが、今では船足を妨げている船載用大型ヨールを流してしまうと、島影はまったく見えなくなった。風と天候はきわめて順調で、われわれは引き続きアワチャャへ向かって西微南の針路をたどった。しかし夜半近く、われわれは突然ひどく驚かされた。どこからかわからないが漏水して、船に水がたまりはじめたのである。スペースが狭く、いっぱいに荷物を積みこんだ状態にあるため、水漏れの場所を迅速につきとめることはきわめて困難であった。ポンプは、下にかま〔濾過器?〕を置くのを忘れたため、船倉内に残されていた木っ端でつまってしまった。風は吹きすさび、船は特に頑丈につくられてはいなかったので、一分ごとに危険は増大していった。

このような状況のもとで、ただちに帆は絞られた。ある一群のものたちは荷物を邪魔にならないところに移しては漏れ口を探し、別の一群は休むことなくかまで水をくみ出し、また別の一群は島からもってきた球形砲弾やぶどう弾を海に放りこんだ。幸運にも、船が軽くなると、大工が推量によって喫水線の下の水漏れ箇所をつきとめることに成功し、穴をふさいだので、この度も沈没の危険から救われた。この事故が警告となって、欠陥を直し、船底のポンプの下にはかまを置くという措置が講じられた。しかし、この漏れ口は、進水の際に船をジャッキでもち上げたとき、肋材が曲がったためにできたものであった。

八月一六日――引続き同じ針路を進む。

八月一七日、火曜日――突然、カムチャツカ本土を発見。それはクロノツキー岬のすぐ近くと思われたが、濃い霧がかかっていたため、岸から約一マイルに近づくまで見えなかったのであった。それでも、まだ三〇マイルは離れているアワチャ港に向かうという既定の方針をつらぬくことになった。しかしカムチャツカの蔭に入ったため、われわれは終始、完全ななぎか逆風の中にいて、さらに九日間間切りを続け、二四時間休むことなくオールで漕いだのち、八月二六日の夜、アワチャ湾の湾口に達し、さらに八月二七日の夕方、かくも長い間望みつづけていた港に入った。

全員、島を脱出して無事帰還できたことの喜びは大きかったが、それでもわれわれがさっそくにカムチャダール族の男から聞かされたニュースは、それよりもはるかに大きな興奮をまき起こした。皆、われわれは死んだか、あるいは行方不明になったものと考えていた。われわれがあとに残した財産は他人の手に渡り、大部分がすでに運び去られていた。こうして、数秒のうちに喜びは不安と化して、われわれ全員の胸をふさいだ。しかし、皆これまでに困窮や悲しみにはすっかり慣らされていたので、取り越し苦労をする代わりに、われわれはただ以前の生活を続けることのみを思い、目の前にある状況は夢ででもあるかのように考えるのであった。

翌日、全員祈禱会で、われわれが驚くばかりの加護を受け、アジアに無事帰りついたことを全能の神に心から感謝したのち、海軍の士官たちはこの秋さらにオホーツクまで進むことを決めた。しかし、私は彼らと別れ、家族のもとに戻るため、ボリシェレツク駐屯地まで三〇マイルを徒歩で旅をする準備を整えた。そして九月五日、無事にそこへ帰りつき、われらの仁慈深い女王の聖名祝日のお祝いに参加した。数週間後にボリシェレツクのわれわれは、船がオホーツクへ向かって出発したのち、強い逆風のため港に戻ってきたというニュースを聞いた。

一方、われわれが帰還したというニュースがボリシェレツクへ伝えられたちょうどそのとき、ガレー船オホーツク号は出帆の用意ができていて、ニュースが伝えられてから三日後まで出発しないでいたのだが、守備隊長の怠慢のためニュースはここから先へ送られなかった。このため本部では、その後八カ月間もわれわれのことを死んだものと思っていたのであった。

付録　アメリカへの航海に関するシュテラーからグメリンへの手紙

尊敬すべきドクトル、敬愛すべき友人にしてパトロン――

クラスノヤルスクから送られた先生の最後のお手紙は、一七四二年九月、カムチャツカのボリシャヤ川で受け取りました。先生のご健康とペテルブルクへのご召還を知り、喜びに耐えません。心からお祝いを申し上げると同時に、ぜひとも近いうちにそちらでお目にかかりたいと思っております。

アメリカへの航海では、私は好奇心に対してたっぷりと罰を受け、命からがらやっとのことで帰ってまいりましたが、なににもまして私を傷つけ、苦しめたのは、何か価値あることを達成しうる絶好の機会に恵まれながら、ワクセルおよびヒトロフ両士官の怠慢かつ尊大な指揮のため、このような機会を利用することを許されなかったことでありました。彼らが演じたのは悲劇に外ならず、それは軽快かつ陽気に幕を開き、未知の無人島での船の難破により、悲しみのうちに幕を閉じたのです。私たちは一七四一年一一月六日、この島に上陸しました。探検隊員のうち三〇人が痛ましくも悲惨な最期を遂げ、その中には一二月八日、ほとんどシラミに食いつくされるようにして、野天にさらされたまま惨めに死んでいった隊長も含まれます。カムチャツカで正確かつ慎重に集めた情報にもとづいた私の提案が受け入れられていれば、私たちは出発後二日目に、カムチャツカとアメリカの間の海峡に島々を発見していたはずでした。アメリカはカムチャツカ河口から真東に四〇マイル以上は離れていません。しかし有頂天になった航海士官たちは道理に耳をかそうとせず、まず最初にカンパニー島の位置をつきとめ、海峡の外のアメリカを見つけることを望んだので、私たちは常に陸地に沿って走り、七週間以上も海をうろつきまわったのち、確かにそれを発見しましたが、そこは私たちが出発した緯度五九度のアワチャから五〇〇オランダ・マイルもありました。北に針路を取れば、いつでも二四時間以内に陸地に達することができるはずでした。そのことを私は海の無数の徴候からいつも感じており、私やその他の人びとがくり返しその方法を提案しましたが、むだでした。私は隊長の行動に少なからず驚きました。彼は絶えず国に帰ることを熱望していましたが、私やその他の誰にも、役に立つようなことをするのを許しませんでした。私がやったことは、私が誰の助けも借りず、ただ一人で生命がけでしたのですが、これが探検隊の発見の最も主要な部分を占めるものとなり、しかも彼らは私の名前を出すことをいやがり、自分たちの手柄にしようとするのでした。

とくに、私たちが難破した島で、どのようにして冬を過ごし、生き延びたか、春になるとどのようにして船をつくり、島から脱出したかについては記しておく価値があるでしょう。この島はカムチャツカ河口から二〇マイル、アワチャの港から六〇マイルのところにあります。プレニスネル氏と私は、森林がないので流木を使って最初の小屋を建て、コロニーを建設し、全員のためにしっかりした基礎を据えました。他の人びともこれをまねし、このようにして四六人が五つの小屋で冬を過ごしたのです。

　私たちはラッコ、トド、オットセイ、すなわちダンピエールのいうコート、アシカ、カイギュウ、その他あらゆる種類の海鳥や植物を食べていました。私たちはラッコの毛皮を九〇〇枚もって帰りましたが、そのうち私一人で八〇枚を分け前として受け取りました。これらの動物やその特性についてすでに私は詳細に紹介し、もはや何一つつけ加えることは不可能なほどです。いわば私たちはこれらの動物たちのあらゆる年代のものたちと四六時中つき合っていたからです。私はただ、本当の解剖学的観察を行なうことができなかったことを残念に思います。これは薄暗い地下の小屋では不可能であり、また動物の大きさからして、十分な手助けなしには不可能なことでした。

　カムチャツカとアメリカの間の海峡は幅が四〇―五〇マイルを越えず、そこには島がたくさんあります。島には海獣が豊富に見られ、もっとも金のかかる探検隊の費用も、これらの動物によって数年のうちにたいした苦労もなしに回収できるでしょう。海獣たちは、世界の開闢（かいびゃく）いらい人間を見たことも、生活を妨げられたこともなく、これらの島々に無数に、まるで陸上の動物のようにのうのうと暮しているのです。私はこの悲惨な航海で得た自然についての体験を、いかに多額な金とも取り換えようとは思いません。そして、船がなかったため、私の採集物、珍しい骨格、皮（脱皮殻）などをカムチャツカにもち帰ることができなかったのを残念に思います。

　自分のことについていわせていただけば、私は一瞬たりとも怠けて過ごしたことはありません。ぜひともこの航海についての私の詳細な記録をご覧ください。一七四三年春にはお送りするつもりでおります。今は、アメリカで採集して、だめにしてしまうことなくもって帰ることのできた植物の種子を少しばかりお送りします。あとは一七四三年春に、植物その他の価値ある品々とともにお届けいたします。この中には先生の分としてもち帰ったものもあるのです。私は、科学の世界の名づけ親になっていただくことによって先生の永遠の友情を復活させたいというつもりで、アメリカの植物の新属に先生のご尊名をいただいてグメリナと名づけました。しかし、厳しく避けがたい運命によってあなたの無名の友人もしくはほんの表面的な友人に留まらなければならないとしたら、私はそれをいっそう強く自覚しなければならないでしょう。この問題についてリンネが彼の『植物学批判』の中でまさに正当にも強く異議を唱えていることを私は知っております。

　運命の女神の手によって先生にお目にかかることがあれば、私はすべての秘密、私の軽率さ、私の潔白さをお話しいたします。そして、私が犯した誤りは、私の意思に反したものでありますが、先生に対する私の尊敬と先生の利益に沿って、私は先生がいかなる償いを求められようとも、心から喜んでそれに従うつもりでおります。一方、ご容赦（ようしゃ）のお言葉をいただければ、私は大いなる心の平和を与えられ、仕事は一段と進むでありましょう。

　また、フィッシャー教授がまだ到着していないこと、画家のベルクハンは引き留めておかないこともご報告しておきたいと思います。ペンジナ海での私と彼（ベルクハン）の仕事が終わったあと、私はまだ待たなければならないとしても、彼については、どうしても必要であるか、アカデミーの利益のためにそうせざるをえないというのでないかぎり、引き留めることはないでしょう。

　一七四〇年二月二八日にクラスノヤルスクから送られた、レイの「梗概（こうがい）」からの海生植物に関する抜刷りをまだ受け取っておらず、心待ちにしております。

学生のゴルラノフは先生ならびにミュラー教授に、ひじょうな窮乏状態にあると書いているようですが、これはまったくの嘘であります。私の仕事はすべて最高の秩序と調和のうちにあり、私たちが一般基金から必需物資のための最初の手当を受けたのはやっと一七四二年になってからのことだったという事実もありますが、それにしても私の隊の誰も、窮乏状態にあると苦情をいうことはできません。ゴルラノフが現在のように、年の終わりに一年分の手当をもち合わせていたことはかつてなく、今のように何の借金も背負わず、今のように上等の衣服や下着類を身につけていたことはかつてないのです。彼はこのことについて信用するに値しません。ときに彼のブランディが不足する場合があるということについては、私がその原因であること、最大限の努力をしてそういう結果になっていることを進んで認めます。私の良心にいかに曇りがないか、私の努力がいかに正当なものであるかは、私が彼の部屋で思いがけなく例の手紙のコピーを見たとき、私がこの無分別な人物に説明を求めようとさえせず、私のすべての行動について真実のみを報告するよう彼に命じたことからも明らかでしょう。私は、学会の名誉を守り、奉仕を行ない、一般基金の繁栄を願う上で人後に落ちないつもりであり、帰還するとき、シベリアにため息も、借金も、悪評も、非難も残すことなく離れることを私の最大の宝と考えています。

アカデミー事務局が私の報告および収集品を受け取ったかどうかについて、事務局からはっきりした返事をもらえるようお取りはからい願えないでしょうか。私はすでに五回こうしたものを送りましたが、これまでのところ、一つでも受け取ったかどうかわからないのです。この冬、私の観察結果を清書し、春にはお送りいたします。夏には、南カムチャツカ駐屯地へ、来年の冬にはアナデイルスクへいくつもりです。しかし、召還を受ければ、それでもまったく不服はありません。私のフィールド・ノートは手を加えないままでお送りします。正式な資料をまとめるだけの時間も、技術も私にはありませんし、それは私の職務でもないからです。プレニスネル氏は召還を受け、この冬はボリシャヤ川で私といっしょに過ごしています。彼は偉大な時間盗人(ぬすびと)です。彼およびベルクハン氏からも先生によろしくとのことです。また、ミュラー教授、アマン博士、ドライル氏、および書記のフェドロウィッツ氏にもくれぐれもよろしくお伝えください。特に私の気にかかっている問題について、先生のご援助とお口ぞえを重ねてお願いいたします。

先生のご健康とご繁栄を心からお祈り申しあげます。

先生の最も卑しい下僕、
ゲオルク・ヴィルヘルム・シュテラー

ボリシャヤ川にて
一七四二年一一月四日

訳者解説

加藤九祚

一四九二年八月三日、コロンブスの乗ったサンタ・マリア号はスペインのパロス港を出帆、一〇月一一—一二日の夜新しい島影をみとめ、翌日上陸した。これはサン・サルバドル（現在のバハマ群島のウォトリングズ島）と命名されたが、これこそはヨーロッパ大陸から西へ航海して新世界を発見した世界史的出来事である。

コロンブスから約二五〇年後の一七四一年七月二〇日、ベーリングを隊長とするロシアの探検隊はアジア大陸から東へ航海して新大陸に達した。これは言わばアメリカの再発見であった。本書はこの再発見に参加したただ一人の職業的自然科学者ゲオルク・シュテラーの手になる旅行記である。

しかしこの探検には前史がある。まずこの大事業の発端からはじめねばならない。

ピョートル一世の第一次カムチャツカ探検の命令　ロシアの皇帝ピョートル一世は、一七二五年一月二八日死去した。病床の皇帝は、はるか以前ドイツの学者ライプニッツ（一六四六—一七一六）とかわした約束を思い出し、死の三週間前にベーリングを長とする大探検隊の派遣命令書に署名した。その背景については諸説がある。

まずドイツの学者ライプニッツの影響によるとする説がある。ピョートル一世とライプニッツとの間には親交があった。一七一三年一〇月二六日から約一週間ピルモント（ブラウンシュワイク）の水上で生活を共にし、当時の世界で話題になっていた諸問題について語り合った。またライプニッツから皇帝に送った書簡も少なくない。これらを通じて約二〇年間ライプニッツが皇帝にくりかえし献言した一つの提案があったことが知られる。すなわち、アジア大陸とアメリカ大陸とは、その北方でつながっているのか、それとも両者は海峡によって分けられているのか、という問題である。一方、ロシア人の中にも同じことを皇帝に進言した人が幾人かいた。しかしこの考え方に疑問をはさむ人も多い。一国の皇帝がこれほどの巨大な計画を知識欲のためだけに遂行するだろうか。北氷洋航路の開拓とか領土問題というような実利的な目的が背景にあったのではないか、と考える人々も少なくない。

いずれにしても、ベーリングを隊長とするカムチャツカ探検隊派遣のつぎのような命令が、皇帝自らの手で書かれた。

一、カムチャツカまたはその地域における他の場所で一隻または二隻の甲板を有する船をつくること。

二、この船に乗って、北方へのびている陸地沿いに航海せよ。この陸地は（その末端が知られていないため）アメリカの一部と考えられる。

三、その陸地がアメリカに接続する地点、あるいはヨーロッパ領の植民都市まで航海せよ。もしヨーロッパ船に出会えば、彼らからその海岸の名称をきき、それを書きとめ、自ら上陸してさらに詳しい情報を入手し、地図に描きこんで帰還せよ。

ベーリングがこの命令を受領したのは、ピョートル一世の死後、重臣アプラクシンの手を通じてであった。それは彼がペテルブルクを出発するわずか数時間前のことで、内容は極秘扱いにされ、またどのような説明も加えられなかった。彼は命令書の内容を確かめようもなくカムチャツカにおもむいたが、彼はここでひどく困難な事態に直面した。そこで「ベーリングはやむを得ずピョートル一世の命令を自分流に解釈した。つまりカムチャツカから東方へ向かうことなく、いきなり北方へ、チュコート半島の岸沿いに向かったのである」とソ連の学者B・ポレヴォイは書いている。ところで隊長ベーリングはどのような人物であったか。彼がこの大探検の隊長に選ばれたのはどのような理由によるのだろうか。

探検隊長ベーリング　ヴィトゥス・ベーリング（一六八一―一七四一）はデンマークのユトランド海岸の町ホルセンスに生まれた。母方は名門に属し、二世紀にわたって顕官や軍人を輩出させたことが伝えられている。教会管理人であった父親のユナス・スヴェンセンには子どもが多く、生活は楽ではなかった。そのため男の子たちは早くから海員として働くようになった。ヴィトゥスというのは母方の叔父の名である。この人物は地理学者として広く知られており、ベーリングが家郷を出るとき、この叔父にあやかろうとして名のったと云われている。

一七〇三年、ベーリングはピョートル一世によってロシア海軍に採用され、バルチック艦隊に少尉として勤務することになった。これは、ベーリングがロシアに仕官する直前東インド方面に船員として航海したことが高く買われたものとされている。彼は教育こそあまりなかったが、知識欲に富み、任務の遂行に忠実であった。ロシアに移ってからはロシア語を比較的早くマスターしたらしく、その手紙や公式報告書は彼がロシア語を自由自在に読み書きできたことを示している。

ロシア海軍における最初の二〇年間についてはほとんど知られていない。一七一五年、ドルゴルキー公がコペンハーゲンからピョートル一世にあてた手紙には、ベーリング大尉がそこで購入したペルロ号をクロンシュタット軍港まで運び、ついでアルハンゲリスク港で建造されたセロフィイル号をノルウェーに回航させたことが伝えられている。

一七〇〇年からはじまった北方戦役はロシアの勝利に帰し、一七二一年ニスタット平和条約によってロシアは海への出口を確保した。これにともない多くの士官の昇進が発令されたが、ベーリングは不思議なことにその選にもれ、大尉のままであった。ベーリングの伝記を書いたN・チュコフスキーによれば（その一部は、一九七一年私が雑誌『ユーラシア』二号に紹介した）、ベーリングはこのことを不満に思い、退役願を提出した。「こうすることによって上官に影響をあたえ、昇進を期待したものと思われる。しかしどういうわけか、上官の彼に対する心証はあまりよくなかった。その理由はわからない。とにかく彼の思惑ははずれ、退役願は受理されてしまったのである」

退役の許可は一七二四年二月二六日付でおりた。当時ベーリングには家族があり、妻アンナ・マトヴェエヴナとの間に数人の息子がいた（ベーリングの死後、この女性はペテルブルク警察長官と再婚した）。生活のあてもないまま、一七二四年には故国デンマークへ帰るための国境通過の許可がおりた。ベーリングは家族とともに、もはや好きなところへ行くことができた。そして、同じくベーリングの伝記を書いたイギリス人R・マーフィーによると、いったんスウェーデンに土地を買ってそこへ移住したが、その後探検隊長に適任であるとして呼びもどされたことになっている。しかしロシア・ソ連の文献では、この事実の裏づけはまったく見当らない。これは、後にかかげるベーリング自身の手紙によっても知られるように、誤りであろうと思われる。彼は故国ではなしにウィボルグに移住した。チュコフスキーは「係累も地位も金もない者が二〇年間も離れていたデンマークへ帰ったところで、今さらどうなるというのか。彼は奔走しはじめた。帰国するかわりに、海軍省にたいし、軍務に復帰できるよう熱心に請願しはじめた」と書いている。

一七二四年八月五日、ピョートル一世は口頭でベーリングの復職を海軍大臣アプラクシンに命令し、それに基づいて諸手続を完了して一〇月三日、九〇門砲装備の軍艦「レスノエ」の艦長としてクロンシュタットに着任した。階級は一等大尉であった。

ベーリングがピョートル一世によって探検隊長に選ばれた理由については諸説がある。青年時代におけるインド航海がものを言ったという説、ブリュイス、サンデルス、シベルス、セニャヴィンらロシア海軍の有力な提督たちが個人的にベーリングを知っていて皇帝に推せんしたという説、シベリアに「左遷」されたという説などである。また彼自身が提督への昇進を夢み、毛皮などで一身代を築こうとして、コネを使って売りこんだとの説もある。真相はわからない。しかしおそらくは、ピョートル一世自身がベーリングの資質をよく知って、この人物ならば難事業を完遂できると見抜いたからであろうと思われる。二回にわたる大探検、ことに第二次の経過は、ピョートル一世のこの判断が誤らなかったことをよく示している。ベーリングの人並みすぐれた忍耐がなかったならば、第二次カムチャツカ探検は九割がた実現しなかったと考えられる。いずれにしても、ベーリングがロシアで勤務したのは三八年間、そのうち一六年間がこの二つの大探検に費やされたのである。

ベーリングの補佐役たち　ここで第一次、第二次を通じてベーリングの補佐役であったマルティン・シュパンベルグ、アレクセイ・チリコフのこともふれておこう。シュパンベルグ（一七六一年歿）中尉はベーリングと同じデンマーク出身で、教養のない粗野な人物であったが、造船・操船術については抜群であった。探検の過程においてベーリングともチリコフともしばしば衝突した。彼は出世欲が強く、探検という任務を出世のために利用しようと考え、またそのように行動した。ひどく残酷な性格だったらしいが、反面この残酷さがなければ、あれだけの資材を太平洋岸まで運搬できなかったかも知れない。第一次探検後大尉に昇進した。

もう一人の補佐役アレクセイ・チリコフ（一七〇三―四八）中尉は有能な青年士官であった。探検隊に加わる直前、ペテルブルクの海軍アカデミーを優秀な成績で卒業したばかりだったが、成績が抜群であるため、少尉を通りこしていきなり中尉補に任官したのである。G・ミュラーの評言によると「海上勤務も彼の情け深い性格を変えることはなかった」。彼は第一次探検の出発時に中尉、帰還後の一七三〇年には大尉補、その二年後には一等大尉、四六年、長い探検生活の無理がたたってエニセイスクで結核にかかり、四八年大尉分遣隊長（カピタン・コンマンドル）に昇進して死んだ。

第一次探検の経過　ベーリングがピョートル一世の命令書を受領したのは一七二五年二月三日以前であったが、同じ頃、探検隊のために準備したことを列挙した文書をアプラクシンからあたえられた。そしてベーリングによる命令受領以前の一月二四日、すでにチリコフと少尉候補生チャプリンに指揮された二七人が二五台の橇を引いてペテルブルクを出発していた。ベーリングとシュパンベルグを含む五人は、残りの資材とともに直ちに出発し、二月一四日ヴォログダで一週間前に着いていたチリコフに合流した。

探検隊はオホーツク港まで九〇〇〇キロを踏破しなければならなかった。しかもペテルブルク出発のときすでに、大砲、弾丸、帆、索具、錨、鎖、造船用の釘など現地で調達できない資材が馬車三三台分もあり、途中で糧秣資材の買付けがさらに追加された。シベリアのマコフスキー柵塞からエニセイスクまでの運搬に、チャプリンが注文した馬が一六〇頭、ヤクーツクからオホーツクまで運搬された食糧だけで六〇〇〇プードに達した。当時、馬車の使える街道は西シベリアのトボリスクまでだけで、そこから太平洋岸までは、小道さえもろくになかった。川すじを利用できるところは利用し、川と川との間の分水嶺（連水陸路）には馬匹による荷駄が利用されたが、一頭の積荷は八〇キロ以内であった。雪が深くて馬が役にたたない場所では、八〇―一〇〇キロ積んだ橇を人間が引いた。

ベーリング自身がヤクーツクに着いたのは一七二六年六月一日であった。オホーツク到着は、ペテルブルク出発からおよそ一年半の後の一七二六年一〇月一日。当時オホーツクには、一〇戸ばかりしかなかったので、隊員を分宿させるための小屋や、装備や糧秣を貯蔵するための倉庫を新築しなければならなかった。人びとはこのために一〇キロも離れた場所からペーチカ用の石や粘土を運んだ。また薪を用意し、魚や鳥をとって食糧のたしとした。これはカムチャツカに移ってからも同じであった。主力資材を運搬するシュパンベルグ隊がオホーツクに到着したのは一七二七年一月末だが、ベーリングの報告書には「その途中隊員は飢えのために馬の死肉、袋やカバン、靴などの半製皮まで食べた」とある。徴発されたツングース族の一部は自分たちの犬をつれて逃亡した。一七二六年一〇月一八日付ベーリングの報告によると、ヤクーツクからオホーツクへ送られた六六〇頭の荷駄のうち、オホーツクに着いたのは三九三頭にすぎなかった。

当時オホーツク港には二隻の未完成の平底船（シーチク）があった。これはあと数週間の工事で完成させられる程のものであった。しかし、長さ一〇メートル、幅四メートルほどの平底船では、とても遠洋航海に耐えられるものではなかった。ベーリングはまず完成した船をフォルトゥナ（好運をあらわすローマの女神名、英語のフォーチュン）号と名づけ、六月三〇日、部下のシュパンベルグをして、この船で資材食糧をカムチャツカ西岸のボリシェレツクまで運ばせた。ベーリングはカムチャツカ南端のロパートカ岬回航はほとんど不可能であると判断し、あえて安全を選んだのであった。

フォルトゥナ号はもう一隻の小船とともにオホーツク港に引き返し、七月三日二三〇〇プードの糧秣資材を運んでオホーツクに着いたチリコフ隊も合流し、全隊員が九月三日ボリシェレツクに到着した。ボリシェレツクはボリシャヤ川の河口にあり、当時一四戸ほどの集落であった。

移動方法は、氷結前にボリシャヤ川をぎりぎりまでさかのぼり、最上流で荷物を橇に積み替え、こんどは犬橇を利用して分水嶺を越え、つづいて東流するカムチャツカ川を利用してその河口に出るものであった。ベーリングはその報告書の中で「途中毎晩、一夜を過ごすための雪洞を掘り、その中にもぐって上をおおった。というのは、この地ではプルガとよばれる吹雪が荒れるからである。人が平原のさ中で吹雪にあい、雪洞を掘ることができなければ、雪に埋もれて死んでしまうのである」と書いている。現地のカムチャダールにとっては、この探検隊はたいへんな災厄であった。彼らは荷物の輸送にただ同然で動員されている間に、冬期の狩猟の好期をのがし、彼らの貴重な財産である犬をほとんど全滅させられたからである。

探検隊がニジネ・カムチャツクに着いたのは一七二八年三月一一日で、ペテルブルク出発から実に三年以上が経過していた。四月四日探検船聖ガヴリール号（長さ一八・三、幅一六・一、吃水下二・三メートル）の建造にとりかかり、六月九日進水、直ちに装備が積みこまれた。糧秣は乗組員四〇人の一年分が用意された。

七月一四日、聖ガヴリール号は針路を北へとって出帆した。隊員はベーリング、チリコフ、シュパンベルグ、チャプリンらの将校以下四四人であった。七月二九日アナディル河口を通過したが、この地点が当時多少とも正確に知られているかぎりでのアジア大陸東端であった。アジアとアメリカを分ける海峡の存在にしても、すでにコサックのセミョン・デジニョフの回航によって事実上知られてはいたが、しかし探検隊にとっては風説の範囲を出なかった。

ベーリングが士官会議の結果船首を南へ転じたのは、八月一五日（当時の航海日誌では正午から正午までを一日とした、たとえば八月一五日は一四日正午から一五日正午まで）、北緯六七度一八分であったが、その間の日数三四日、航海距離二三七七ウェルスタ（露里、一露里は約一キロ）であった。回航前での会議で、シュパンベルグが八月一六日を期限として帰還の途につくべきであると主張したのにたいし、チリコフが大陸を迂回して北極海のコリマ河口に達するか、それとも氷に突きあたるまで進航すべきであると主張したことは日誌で示されている。ベーリングは、アジアとアメリカの間に海峡の存在することはこれで十分明らかになったと考え、シュパンベルグの意見を採用したが、その客観的な証明としては不十分であったことは否めず、結局ペテルブルク当局の不満をひき起こす原因となったことはよく知られている。

探検隊は九月二日カムチャツカ河口に帰着、五一日間の航海を終わってニジネ・カムチヤックで越冬した。当時この集落には五〇戸の人家があった。

翌年七月二三日オホーツク着、八月二九日ヤクーツク着、一七三〇年三月一日ペテルブルクに帰還した。

出発以来五年の歳月が流れていた。この五年の間にペテルブルクでは多くの大事件が起こっていた。皇帝は代わり、寵臣は交代し、政策も何度か急転回した。ピョートル一世による改革の推進派と、ロシアをピョートル以前の状態にもどそうとする復古派の激しい争いがつづいていた。そしてベーリングの探検は典型的なピョートル的事業の一つであった。一七二七年ピョートル一世の妃であったエカチェリーナ一世が死亡し、ついで帝位をついだピョートル二世（ピョートル一世によって殺されたアレクセイ王子の子）が一七三〇年一月一四歳で死んだ。女帝アンナ・ヨアンノヴナが帝位についたが、ベーリングがペテルブルクへ帰還する五日前に、国家の政策はそれまでの方向を一変して、すべてピョートル一世の遺訓にしたがうことが決定された。

ベーリングはその年の三月海軍省に探検報告を提出した。それは装備、経路、カムチャツカの自然と住民の万般にわたっていた。

このベーリングの報告とピョートル一世の命令が比較検討された結果、第一次カムチャツカ探検隊の成果は、その遂行の度合いが不十分であるとして元老院から非難された。たしかにベーリングの航海は、アジアが北緯六七度一八分以南のところではアメリカと陸つづきになっていないことを証明した。しかし両大陸は、もしかしたらその北方でつながっているかも知れない。それだけでなく、ベーリングはアメリカ大陸の岸を全く見ていない（濃霧のため）。したがってアジア・アメリカ間の距離の問題にはなにも答えていない。

第二次カムチャツカ探検　ベーリングは二回目の探検が不可避であることを知って、ただちにその準備にとりかかった。第二次探検の計画書はベーリング自ら起草したが、これは第一次のときよりも著しく拡大され、シベリアの北氷洋岸の調査、カムチャツカから日本までの距離の確認なども加えられた。この探検は第二次ベーリング探検、あるいは第二次カムチャツカ探検、あるいは大北方探検と呼ばれ、一〇年の歳月（一七三三―四三年）をかけ、六〇〇人の直接参加者を動員した大事業で、一九世紀以前の世界で比類のない規模のものであった。

第二次カムチャツカ探検には、シベリアの自然、歴史、民族の学問的調査という新しい任務が加えられ、そのためにG・ミュラー、J・グメリンらの学者グループが編成された。これはかつてメッサーシュミットがほとんど独力で行なった調査を継続するものであったが、シベリア研究史上画期的な成果をあげた。学者グループは、海上航海を主とするベーリングの本隊とは別の行動をとり、はじめベーリングの指揮下に入ったが、後にまったく独立したものとなった。これは「第一次科学アカデミー探検」（一七六八―七四年のS・パラスらを中心とする第二次科学アカデミー探検と区別して）とも呼ばれている。この学者グループに加わった人びとのなかに、シュテラーがいたのである。

G・シュテラーの生涯　ゲオルク・ヴィルヘルム・シュテラー（一七〇九―四六）は第二

次カムチャツカ探検に参加した数ある人物の中で、もっとも「個性的」な学者であった。そして彼は、ベーリングとともに航海し、北アメリカの一部であるカヤク島をはじめて学問的に調査した唯一の専門家であった。シュテラーが参加していなかったら、ベーリングの航海の成果はずっと貧しいものになったであろう。

シュテラーは、ボン大学のハンノ・ベック Hanno Beck 教授によると、ドイツのババリア地方フランケン（ウィンドハイム）で一七〇九年三月一〇日に生まれた。父親は当地のギムナジウムの教師で、市の教会のオルガン奏者でもあった（チュコフスキーによると、彼の父親は製靴組合の親方であったことになっている）。少時から学業に非凡な能力を発揮したが、たいへんな自信家であるうえ、短気で喧嘩好きという欠点をもっていた。たしかに自信家だけのことはあった。一二歳のときにつくったチョウの図鑑が、後年大学の出版局から公刊されるほどの天才だったからである。しかし大学生になると、彼のすぐれた才能に正比例して怒りっぽい性質もつのり、いくつかの大学を渡り歩いたが、ついに研究者のコースに乗ることができなかった。

すなわち、はじめウィッテンベルクで神学科に属したが、アブラハム・ファターのもとで解剖学の講義をきくことを好んだ。一七三〇年ライプツィヒ、ついでイエナに移ったが、そこでも落着かず、医者であった長兄のすすめで一七三一年ハレ大学に入り、熱心に自然科学を研究した。とくに植物学に長じ、フリードリヒ・ホフマン教授にかわいがられ、一時プリバート・ドツェント（無給の大学講師）となった。しかし植物学の正規の教職を得ることができず、一七三四年、ダンツィヒに進駐していたロシア軍砲兵隊付外科医として傷病兵輸送にあたり、一七三四年末クロンシュタット軍港、ついでペテルブルクに入った。彼はロシアで彼の知識欲と出世欲を満たすことにした。当時、ドイツやオランダ、デンマークなどの既成社会をはみ出した有能な軍人、職人、教師だった人間が、ロシアで司令官や科学アカデミー会員になったという例は珍しいことではなかったのである。

彼はロシアの科学アカデミーのドイツ人学者ジークフリード・バイエルを訪れた。当時ロシアの科学アカデミー会員は全部ドイツ人だった。バイエルはシュテラーを、ロシアの宗教界で権勢を誇っていた大主教フェオファン・プロコポヴィチのお抱え医者として推せんした。この大主教はローマにも留学したことがあり、その宗教哲学の論文集は現在のソ連でも出版されている。

二人は意気投合した。フェオファンはドイツ語も上手だったが、シュテラーとはいつもラテン語で話した。シュテラーはここで、三万冊にのぼるフェオファンの蔵書を貪（むさぼ）り読み、またオラニエンバウム（ペテルブルク郊外）にあったフェオファンの別荘付近の植物を採集して、ラテン語で細かく記述した。この本は後に出版され、ロシア最初の植物学の専門書としての栄誉をになったものである。この間シュテラーは、先輩のシベリア学者メッサーシュミットの未亡人ビルギッタ・ヘレネと結婚した。この女性は「抑えのきかない性格」だったといわれ、シュテラーの死後はフライエスレーベンという教師と三度目の結婚をしたことが伝えられている。

一七三六年、パトロンのフェオファン大主教が重病にかかった。そこでシュテラーは、大主教に頼みこんでベーリング探検隊の一員に加えてくれるよう推せん状を書いてもらった。三七年二月、科学アカデミーは、年俸六六〇ルーブルでシュテラーを「博物学助手」に採用し、カムチャツカへ派遣することになった。彼のペテルブルク出発は一七三八年一月一二日から三〇日までの間であった。

ヴォルガ川経由でカザン、ついでカマ川経由でエカチェリンブルク、トボリスクからトムスクに着いたのはその年の暮であったが、ここで熱病にかかり、もう少しで死ぬところであった。恢復して出発し、三九年一月二〇日にはエニセイスクでミュラー、グメリンと合流した。グメリンはこのときのシュテラーの印象を『シベリア旅行記』の中でつぎのように書いている。「彼はどんな困難もいとわなかった。それは、それまでのシベリア旅行である程度証明ずみでもあった。衣服のこともまったく意に介しなかった。シベリア旅行中彼が持参したものは極度に制限されていた。……食器は一つしか持たず、これで食事の用意をし、これで食べた。料理人がいるわけはなく、自分で野菜、肉、スープを一つに入れて煮こんだ。室内で食事をつくることから起こる煙なども気にせず、彼の研究のじゃまにならなかった。そえ髪や化粧道具も持参していなかった。……欠乏に堪えることによって彼の機嫌が悪くなることはなかった。むしろ困難なほど朗らかになった。……しかも、彼の生活様式が無頓着であったにもかかわらず、その観察は正確であり、あくことを知らず、十分に信頼するにたると私たちには思われた。学問に役立つことのためには、彼は、まる一日くらい飲まず食わずで通すことができた」。シュテラーは後にカムチャツカで、原住民のカムチャダール族にまじって、彼らと寸分ちがわぬ生活まで体験したのである。

シュテラーはミュラーとグメリンから資料や助言を得、学生のゴルラノフと画家のベルクハンとともにカムチャツカへ向かった。しかしイルクーツクで旅費の受領に手間がかかり、約一年間耐乏生活を送った（一七三九年三月二三日から翌年三月五日まで）。その間バイカル湖周辺の各地を調査旅行したが、一七三八—三九年におけるシュパンベルグの日本近海探検のうわさを聞き、四〇年四月三〇日付で元老院に日本調査の許可を願い出た。しかしこれは実現しなかった。

イルクーツクにおけるシュテラーの窮状を救ったのは、ペテルブルクからの現金ではなくて、エニセイスクからやってきたミュラーであった。ミュラーは黙って総督府の経理部長の袖の下に二〇ルーブルをつっこんだ。効果はてきめん、旅費はただちに支給された。四〇年八月二〇日オホーツク着、ここではじめてベーリングに会い、九月二七日カムチャツカのボリシェレツクに着いた。ベーリングからアメリカ探検の勧誘を受けた彼は、四一年三月二〇日陸路でペトロパヴロスクに着いた。ここで彼にたいするベーリングの待遇に不満を表明し、「私はあらゆる点で、私の性格にふさわしいように受け入れられていません。私は、ベーリングその他の人びとから兵隊なみに、卑賤なものとして扱われ、いかなる会議にも招かれません」と四二年一一月一六日付で元老院に書き送っている。

一七四一年七月二〇日におけるカヤク島と帰途ベーリング島での科学的観察においては、

シュテラーの本領はいかんなく発揮された。その間の事情は本書にくわしく書かれている。シュテラーは一七四二年八月二六日カムチャツカに帰還、生き残った他の隊員が家郷に一日も早く帰ろうとしていたのにたいし、彼一人ほぼ二年間カムチャツカに留まって調査をつづけた。この間、四三年カラギンスキー島では氷が割れて犬と調査資料を失ったり、ラッコの図を描くために海を泳いだりした。またボリシェレツクでは、自費で流刑囚を教師とするカムチャツカ最初の学校を開いた。またこの集落で、不法に捕えられた一七人のカムチャダール族の釈放をめぐって、ワシーリ・フメテフスキーという少尉と争い、シュテラーは強引に彼らを放免してしまった。フメテフスキーは元老院にあてて、シュテラーはカムチャダール族の反乱に加担し、その首謀者を逃がしたと密告した。それを知ったシュテラーもまた元老院に訴状を書いた。

四四年八月三日、シュテラーは多くのメモや資料とともにボリシェレツクを出発、八月一九日オホーツクに着いた。そこからユドマ、マイ、アルダンなどの河川を経由して一〇月二一日ヤクーツク着、ここで越冬した。この旅行の途中も彼の探求は休むことがなかった。リンデナウに調査を命じたことも多く、リンデナウのすぐれた著作の一つはこのときに書かれた。

一方、元老院はフメテフスキー少尉の訴状によって、イルクーツクの副総督ロレンツ・ランゲにあてて、シュテラーがイルクーツクを通りかかれば、ただちに出頭せしめて、ボリシェレツクでのカムチャダール族釈放事件について取り調べるよう命令した。ランゲはこの命令にしたがって、一七四五年夏イルクーツクに入ってきたシュテラーを取り調べた。ランゲといえば、ピョートル一世の時代に前後六度にわたり北京を訪れた当代最高の中国通であり、多くのすぐれた日記を残しているほどの知識人であった。シュテラーの釈明はよく理解され、旅行の継続が許可された。シュテラーはその年の一二月二四日、イルクーツクを出発、橇で西へ向かった。シュテラーとしては、イルクーツクでの不愉快な取調べも無事落着し、将来の研究生活に胸をふくらませていた。

しかし残念なことには、ランゲはシュテラー無罪の報告書を、本人の出発から一カ月後に元老院へ送り出したのである。ここで問題はこじれた。元老院はランゲからの報告書が届かないので、ザハル・ルパンジンという急使をシベリア街道に送り、シュテラーを見つけしだいただちに捕えてイルクーツク総督府に送致するよう命令したのである。

ルパンジンがシュテラーに出会ったのは、一七四六年八月一六日、ウラルのソリカムスク付近にあった大富豪デミドフ家の植物園においてであった。シュテラーは四月以来ここに滞在し、ロシア各地の植物六八〇種を分類整理し、植物地理学的な解説を加えた。これは『フローラ・ペルミカ』とよばれる未刊の著作である。またカムチャツカから持ち帰った植物の種子をまいて実験していた。

ルパンジンからイルクーツク送還を宣告されたシュテラーは色を失った。ソリカムスクからイルクーツクまでは約四〇〇〇キロ、これをもう一度ナンセンスな理由のために引き返すことは耐えがたいことであった。シュテラーは口を酸(す)っぱくして取調べの終わったことを説明した。しかしルパンジンとその手下の警察はそれを信用しなかった。シュテラーは持ち前の激情を抑えることができず、ついに警察官を椅子でなぐりつけてしまった。

権力に抗するすべはない。シュテラーは徹底的になぐられ、足枷をはめられ、馬車にほうりこまれて運ばれた。しかし死の病と言うべきか、シュテラーの逆上はその途中でも静まらなかった。そしてある夜、警官のすきをとらえて、裸馬にとび乗ってソリカムスクに逃げようとしたが、足枷のために落馬し、頭を打って意識を失った。ルパンジンは怒ってシュテラーを裸にし、馬車にしばりつけ手綱でなぐった。兵隊にもなぐらせた。シュテラーの背中は皮膚がちぎれて赤い肉が露出した。ルパンジンはシュテラーをむしろにくるみ、イルクーツクを目指した。

一行が西シベリアのタラ川まできたとき、シュテラーの釈放を伝える元老院からの別の急使が追いついた。ここでシュテラーは放免され、ふたたびソリカムスク経由ペテルブルクを目指した。しかし、このときすでにシュテラーは重病にかかっていた。困苦欠乏に堪え、北太平洋の無人島における九カ月の飢えからも生き残ったシュテラーの強靭な肉体も、警官の鞭の打撃からたちなおることができなかった。背中は膿みただれ、咽喉からも血が流れ出た。シュテラーは一七四六年一一月一二日、チュメニの手前で息絶えた。行年三七歳、はげしい、短い一生であった（なお、ベーリング、シュテラーとともに航海したワクセル中尉〔副隊長〕の手記は平林広人氏によって『ベーリングの大探検』として邦訳されている）。

シュテラーの著作　シュテラーは大量の原稿を残し、その死後北太平洋方面の動物、植物、民族、探検の経過について八点にのぼるすぐれた著作が刊行されたが、今なお原稿のまま残されているものも少なくない。既刊のものでは『ベーリング海の海獣』(一七五二年刊)、『カムチャツカ誌』(一七七四年刊)、『ベーリング島誌』(一七八一年刊)、『カムチャツカからアメリカへの航海日誌』(一七九三年刊)などほとんどが不滅の業績とされている。

(1)『カムチャツカ誌』(一七七四年刊) *Beschreibung von dem Lande Kamtschatka* は同じくベーリング探検隊の研究者グループの一人であったS・クラシェニンニコフの『カムチャツカ誌』と同じ表題であるが、この両者の関係はなかなか複雑である。

ステパン・ペトロヴィチ・クラシェニンニコフ(一七一一―五五)は兵隊の息子としてモスクワで生まれた。当時は貴族出身者が幅をきかせていた時代であったが、このクラシェニンニコフとロモノソフは数少ない平民出身の大学者として知られている。クラシェニンニコフははじめ、モスクワにあったスラヴ・グレコ・ラテン・アカデミーで学び、一七三二年シベリア探検隊要員としてペテルブルクの科学アカデミーに派遣されて教育を受けた。一七三三年科学アカデミーの学生としてミュラー、グメリンとともにシベリアにおもむき、一七三四年間主としてグメリンについて植物学の実地教育を受け、一七三七年ヤクーツクからカムチャツカに派遣され、一〇月二二日ボリシェレツクに着いた。このとき彼は、ミュラーとグメリンから八九箇条にのぼる研究調査テーマをあたえられた。

彼はカムチャツカで熱心に調査を続けたが、一七四〇年九月二七日にカムチャツカのボリシェレツクに着いたシュテラーからつぎのような内容の指示を受けとった。

「学生クラシェニンニコフ殿、グメリン教授およびミュラー教授から私にあたえられた三七箇条に基づいて、私のボリシェレック到着とともに、貴殿は私の指揮下に入り、貴殿がカムチャツカ到着以後行なった観察や調査のすべてを私が再検討することになった。私が疑わしいと思うことがあれば、なんら問題が残らぬよう修正することになる。故に、この書簡の受領以後、貴殿は私の指揮下に入り、貴殿のカムチャツカ到着以後の観察を私のもとに報告書として提出してほしい。その際、貴殿の手許にある国有の書籍、資料のほか、貴殿の従者（スルジヴィ）のリストをも提出されたし」

クラシェニンニコフは翌日までにその要求を遂行した。

一七四一年六月、シュテラーはクラシェニンニコフをイルクーツクに派遣、探検隊に必要な資金受領を促進させた。シュテラーの指令によれば、彼は翌年秋までにはカムチャツカに帰任するはずであったが、イルクーツクからミュラーとグメリンのいるウェルホトゥリエに向かい、そのまま彼らとペテルブルクに帰ってしまった。シュテラーとクラシェニンニコフは、年齢的にはシュテラーの方が二歳上であるが、シュテラーの高圧的な態度のためか、折合いがわるかったらしい。二人はカムチャツカで別れて以後ついに再会することはなかった。

クラシェニンニコフの調査資料はこうして、シュテラーの『カムチャツカ誌』（ドイツ語）に利用されたと考えられる。ところがシュテラーが一七四六年不慮の死を遂げたため、こんどはシュテラーの全資料がクラシェニンニコフの手に渡り、クラシェニンニコフの大著『カムチャツカ誌』（ロシア語、一七五五年刊）の執筆に利用されたと考えられる。前述のように、シュテラーの『カムチャツカ誌』は一七七四年フランクフルトとライプツィヒで刊行され、それから二二〇年後の一九七四年シュトゥットガルトで覆刻版が出版された。

以上のような成立の事情ではあるが、この両書にはなお、それぞれの特徴が残されている。たとえば、カムチャダールの冬期住居については、シュテラーの著作の方がクラシェニンニコフの著作よりもくわしい。

本書は三六章と付録よりなっている。構成的にも内容的にもクラシェニンニコフと共通する部分が少なくない。この事実の評価については、当然のことながら、シュテラーの肩をもつ方向と、クラシェニンニコフの肩をもつ方向とがあり得る。

（2）『海獣の記述』（一七五三年刊）*Ausführliche Beschreibung von sonderbaren Meerthieren, mit Erläuterungen und nöthigen Kupfern versehen*

シュテラーの業績の中でもっとも傑出したものはベーリング島における海獣や青ギツネなど毛皮獣の記述である。そのうち海牛 Meerkuh は、北太平洋では一八世紀末すでに絶滅してしまったもので、その骨格がわずかにハバロフスク博物館とレニングラードの動物学博物館に残っているのみである。シュテラーは海牛の外見だけでなく解剖学的な記述まで精細に行ない、その生態についてもくわしく記述している。

ベーリング島では、彼の仮小屋のすぐそばに海牛が群れており、彼は日常これを観察することができたのである。本書も一九七四年覆刻された。ベーリング探検の概要、シュテラーの業績などについてはソ連の学者エリ・ベルグの名著『カムチャツカ発見とベーリング探検』があり、同じ表題で小場有米氏によって昭和一七年龍吟社から邦訳されている。

（3）『カムチャツカからアメリカへの旅』（一七九三年刊）*Reise von Kamtschatka nach Amerika mit dem Commandeur Capitän Bering*

本書がすなわちこの訳書のオリジナルである。これは「航海日誌」*Tagebuch seiner Seereise* とよばれるものと同じものと思われる。本書はペテルブルクで、ロシアで活躍していたドイツ出身の著名な学者S・パラスによって *Neue nordische Beitrage* の第三集として刊行された。翻訳にあたっては、オリジナルのほか Golder, F. A. *Bering's voyages. Vol. II* N-Y, 1925. を利用した。

最後に一九七四年刊のシュテラーの主要著作集覆刻版の序文を書いたハンノ・ベックのあげた文献を紹介しておこう。

BENUTZTE LITERATUR:

Beck, Hanno, Germania in Pacifico. Der deutsche Anteil an der Erschließung des Pazifischen Beckens. Mainz u. Wiesbaden 1790. —Akad. d. Wiss. u. d. Lit., Mathem.-Naturwiss. Kl. Jg. 1970, Nr. 3; *Büsching, Anton Friedrich,* 〔Besprechung von Stellers „Beschreibung von dem Lande Kamtschatka...“ Frankfurt u. Leipzig 1774〕. In: Wöchentliche Nachrichten von neuen Landcharten, geographischen, statistischen und historischen Büchern und Sachen. 2, 1774, S.163–167 u. S. 185–187; Johann Georg Gmelin 1709 bis 1755. Der Erforscher Sibiriens. Ein Gedenkbuch. Hrsg. von Otto Gmelin. München 1911, darin; *Gradmann, Robert,* Leben und

Bedeutung Johann Gmelins (S. 3–20); *Krascheninnikov, Stepan Petrowitsch,* Histoire de Kamtschatka, des Isles Kurilski et des contrées voisines, publiée à Petersbourg, en langue russienne, par ordre de Sa Majesté Impériale. Traduite par M. E (ldous), 2 Bde. Lyon 1767; *Messerschmidt, Daniel Gottlieb,* Forschungsreise durch Sibirien 1720–1727. Hrsg. v. E. Winter u. N. A. Figurovskij, mit einem Vorwort von W. Steinitz u. A. V. Topčief. Teil 1: Tagebuchaufzeichnungen 1721–1722. Berlin 1962— Quellen und Studien zur Geschichte Osteuropas hrsg. v. E. Winter. Bd. VIII, Teil 1, darin: E. Winter u. N. A. Figurovskij, Einleitung S. 1–20; *Stejneger, Leonhard Hess,* Georg Wilhelm Steller, the Pioneer of Alaskan Natural History. Cambridge, Mass. 1936; *Steller, Georg Wilhelm,* Vou Kamtschatka nach Amerika. Bearbeitet von M (artin) Heydrich. Leipzig 1926— Alte Reisen u. Abenteuer, 16; *Waxell, Sven,* Die Brücke nach Amerika. Abent euerliche Entdeckungsfahrt des Vitus Bering 1733–1743. Reisebericht seines Ersten Offiziers und Stellvertreters Sven Waxell ergänzt durch Beschreibungen des mitreisenden Naturforschers G. W. Steller. Olten u. Freiburg i. Br. 1968; *Wendt, Herbert,* Entdeckungsfahrt durchs Robbenmeer. Georg Wilhelm Stellers Reise ans „Ende der Welt". Stuttgart 1952— Von den Tropen bis zur Arktis. Hrsg. von Karl Helbig; *Winter,* E., Halle als Ausgangspunkt der deutschen Rußlandkunde um 18. Jahrhundert. Berlin 1953— Veröffentlichungen des Instituts f. Slawistik, Nr.2; *Wotte, Herbert,* In blauer Ferne lag Amerika. Reisen und Abenteuer des deutschen Naturforschers Georg Wilhelm Steller. Leipzig 1967.

付記　この「解説」は、拙著『シベリアに憑かれた人々』（岩波新書）と重複している部分のあることをことわっておきたい。本書をも合わせて参考とされるよう希望する。

カムチャツカの住民

С・П・クラシェニンニコフ

第一章　カムチャツカの住民の概観

カムチャツカの自然が荒寥(こうりょう)としているように、それと同じ程度にその住民もまた未開である。そのあるものは〈コラ半島に住む〉ロパリ〔ラップ〕人と同様にトナカイの群とともに一つの場所から他の場所へ遊牧しながら生活している。また、あるものは東の大洋〈太平洋〉およびペンジナ海に流入する川に沿って、漁撈(ぎょろう)や海獣狩猟を生業として定住生活を営んでいる。さらにあるものはクリル・ロパートカ〈岬〉付近にある島々に住み、海獣や魚類、海から打ち上げられたり岸の近くで生育したりするコンブやワカメ、カニなど食して生活している。遊牧民はトナカイ皮のユルタに、それ以外のものは地下小屋に住む。彼らはすべてみじめな暮しをしており、風習は粗野で、神を信仰せず、どんな文字をも知っていない。

カムチャツカの原住民はカムチャダール、コリヤーク、クリル[1]の三種族であると考えられている。カムチャダールはカムチャツカ半島の南部、ウカ河口からクリル・ロパートカ、さらにはクリル列島の最初のショウムチュ〈シュムシュ〉にわたって住んでいる。コリヤークはカムチャツカの北方、又クチャン川までのペンジナ海岸およびほとんどアナディル河口までの東の大洋岸一帯で生活している。クリルはクリル列島の二番目の島から日本までの島々を占めている。こうしてカムチャダールは南方においてクリル、北方においてコリヤークと接し、コリヤークはチュクチ、ユカギール、ラムートと接し、クリルはカムチャダールおよび日本人と接している。

カムチャダールは言語の特徴によって南と北の二つに分けられる。カムチャツカ川の源流から河口までの流域と、ウカ川からナラチェワヤ川までの東の大洋沿岸には北カムチャダールが住むが、これは正しく頼もしい人びとである。というのは、彼らの行動や習慣はわりあいに粗暴でなく、言語もほとんど変るところがないからである。彼ら以外ではほとんど集落ごとに異なる方言が用いられている。南カムチャダールはナラチエワヤ川からクリル・ロパートカまでの大洋岸および北方ハリウゾワヤ川までのペンジナ海岸に分布している[2]。

コリヤークの場合はトナカイ・コリヤークと定住コリヤークに分けられる。前者はトナカイの群とともに一つの場所から他の場所へ遊牧し、後者はカムチャダールと同様に川に沿って生活する。彼らの言語は互いに異なっており、遊牧コリヤークは定住コリヤークの言葉を全く理解できない。カムチャダールの言葉は勿論通じないが、しかしコリヤークはかなり多くのカムチャダール語を借用している。

人によってはクリルをも同じように遠近の二つに分けている。遠クリルというのは、クリル列島の第二番目以南の島に住むものをさし、近クリルというのはクリル列島最初の島とクリル・ロパートカの住民のことである。しかしこの区別は必ずしも正しくない。その理由は、ロパートカとクリル列島第一の島の住民の言語、容貌、習慣が異なると言っても、南カムチャダールと私が称した種族の出であることは疑いないからである。上記の相違点は、彼らがクリル人と接し、婚姻関係を結んだことによるのである。

カムチャダールは南北両グループを含めて、自称をイテリメン、すなわち住む人という意味で、女性の場合はイテリマという。これはシュテラーの解釈によると、イテラフサ（生きる）という動詞からきたという。キマ・イテラフサ、つまり「私は生きる」であり、メンは人間の意である。マ・イテサフサン、「彼はどこに住んでいるか」。この言葉の根は、シュテラーの指摘によると、ネムチカ川とモロシェチナヤ川の間に住むカムチャダールの言葉にも残っている。仁慈深い女王様のことを彼らはコアチ・アエレム、つまり太陽のように輝く王様という。性の変化はない。というのは、彼らの言葉で太陽はコアチ、王はアエレムだからである。カムチャダールはロシア人のことをブルィフタティン「火の人」とよぶ。その理由はつぎの通りである。彼らはロシア人の出現するまで鉄砲もそれによる射撃も知らず、火が出るのは鉄砲からではなくてロシア人の息から出ると考えたからである。コリヤークのことを彼らはタウリュガン、クリルのことをクシンおよびクジンとよぶ。

カムチャダールはさまざまな事柄を、その名称、行動の類似によって自己流に名づけるという面白い習慣をもっている。その事柄の内容がよく理解できない場合は、外国語をそのまま受け入れるが、往々にして本来の言葉がわからなくなるほど変形されることがある。こうして彼らは聖職者のことをボグボグというが、これは疑いもなくボグ（神）の語がしばしば用いられるからである。ドクトルはドクトナス、学生はソケイナフチ、パンはブルィフタティン・アウグチ（ロシアの百合の根）、読誦僧キ・アーングチ（尾のとがった海のカモで、彼らの考えでは読誦僧と同じ調子で鳴いた）、鐘クク、鉄オアチュー、鍛冶屋オアザキサ、水夫ウチャウスシニタフ〔上によじ登るもの〕、槇皮師クルナサン、茶ソコサフ〔カモメ〕、捜査のとき多くの人を吊す中佐のことをイタフザタフ〔吊す人〕という。

トナカイ・コリヤークは自称をトゥムグトウ、ロシア人のことをメリギタンギ、カムチャダールをホンチャラと呼ぶが、クリルについては、クリル人がコリヤークについて知っていないように、なにも知っていない。定住コリヤークは自称をチャウチュー、ロシア人をメラグィタングィ、カムチャダールをヌィティラガ、クリルをクイナラという。

クリル人は自称をウイヴト・エイケ、遠くの島に住んで毛皮税を課されていないクリルのことをサウンクル、ロシア人をシンシアン、カムチャダールをアルタルンクルといい、コリヤークについてはなにも知らない。

これらの名称の意味については、種族が未開であるのと通訳が不馴れなために知ることができなかった。以上のことから明らかなように、各種族の名称はその自称によってではなく、割合に早くにロシアの支配下に入ったその隣族が名づけたものに従っているのである。ロシア人はこれらの名称にロシア語的語尾を付して変形させている。こうして私たちはカムチャダールをコリヤーク語で呼んでいる。つまりカムチャダールの語はコリヤークの語のホンチャルに由来し、クリルという言葉はカムチャダール語のクーシ[3]に由来している。

コリヤークという名称の起源については定説はないが、シュテラーはつぎのような仮説を出している。コサックがコリヤークの住地へ来たとき、しばしばホラ〔トナカイ〕という言葉をきき、コリヤークの幸福がトナカイ群に依存しているのを見てコリヤーク、つまりトナカイの種族と呼んだというのである。チュコート半島に住むチュクチは平和的でない種族であるが、この名称は定住コリヤークの総称であるチャウチューからきたものである。トナカイ・コリヤークは北方でユカギールと隣接しているが、このユカギールという名称は不明である。コリヤークはユカギールのことをエデリ——狼の意——というが、これはユカギールが狩猟で生活していることを狼になぞらえて称したものである。これをユカギールという名称の起源であるとする説があるけれども、両者の間に若干の類似があるとしても、納得し難いところである。ことに私たちは、ユカギールが自称をなんといい、またヤクーツクに近いその隣族が彼らをなんと称したかを知らない。

カムチャツカにはカムチャダール、コリヤーク、クリルという三つの言語があるが、それぞれいくつかの方言に分かれている。カムチャダール語には三つの方言がある。一つは北カムチャダール、もう一つは南カムチャダールのものである。この二つの方言は全くちがう言葉と思えるほど異なっているが、カムチャダールは互いに通訳なしでこれを理解している。しかもほとんど共通な言葉はないと言うのであるから、シュテラーが驚いたのも無理はない。第三の方言はウォロフスカヤ川からチギルまでのペンジナ海岸の住民が用いているものである。それは南北二つの方言とコリヤーク語の一部からなりたっている。コリヤークにも二つの方言がある。トナカイ・コリヤークと定住コリヤークのそれである。ただしその方言の数がこれだけであるかどうかは、正確にはわからない。というのは、ロシアの臣民は一つの言葉で話すが、他の言葉は知らないからである。しかし南カムチャダールの各集落によって言葉がちがうように、定住コリヤークの場合も地域によって方言はあり得る。

カムチャダールの言葉は、半ば咽喉から――半ば口で語られる。静かに、苦しそうに長くひきのばして、大仰な身振りを加えて話される。このことは聞く人にたいし、彼らが臆病で、卑屈で、ずる賢い人間であるように思わせる。

コリヤークは反対に、半ば叫ぶように大声で話す。彼らの言葉における単語は長いが、音節は短い。大部分二つの母音にはじまり、母音で終る。例えばウエムカイ〔雌のトナカイ、または走らないトナカイ〕である。

クリルは静かに、流れるように、自由に話し、聞いていて愉快である。彼らの言葉の響きには子音と母音が適当に混っている。彼らはこの地における他の未開諸種族に比べて性質がよく、細心で、功名心、正義心、恒久性に富み、また愛想のよい人びとである。

1　クリルについてはカムチャダールとアイヌの混血とする説とアイヌであるとする説がある。ロシア人として最初にカムチャツカを縦断したアトラソフは一七世紀末、半島南部でクリルに出会っている。また半島にはクリル湖という湖もある。

2　残念ながらクラシェニンニコフはイテリメンの南北両グループの相違についてわずかしかふれていないため、なんら結論を導き出すことはできない。

3　シュレンクによればクリル語またはアイヌ語で人のことを кур または куру という。カムチャダール語では куш または кужи。クリル列島中の島が煙をはいているのを見て、ロシア語の курить（煙らす）からきたとする説もあるが、これは誤りとされている。

第二章　一つの臆測によるカムチャダールとカムチャツカ諸種族の起源について

カムチャダールという名称がコリヤーク語のホンチャールに由来することは上記の通りであるが、コリヤークがカムチャダールをそのように呼称する理由については述べなかった。

ある人はカムチャダールという名称の起源をつぎのように書いている。すなわち、ロシア人のカムチャツカ出現のはるか以前に、カムチャダールが彼らの〈栄光に満ちた戦士〉コンチャートの名を記念してカムチャツカの大河をコンチャートと名づけたことに由来する。この場合また、半島に出現したロシア人が原住民と手振り身振りを通じて語り合い、この大きな川の名とその住民とがともにコンチャートとよばれていることに気づき、その住民をカムチャダールと称したというのである。しかしこれは作り事に過ぎない。その理由はつぎの通りである。

（1）ロシア人は、カムチャダールと話すのに手振り身振りを必要としなかった。定住コリヤークの中にはカムチャダール語をよく知っているものが多く、いつでも通訳にこと欠かなかった。

（2）カムチャダールはコンチャートの名を知っていない。

（3）また、こうした名の人間がいたとしても、川の名はこの人間の名前でよばれなかったはずである。というのは、カムチャダールは川・湖・山・島に人間の名をつけることはないからである。彼らはその川・湖・山の特質や他のものとの類似点によって名前をつける。

（4）すでに指摘したように、カムチャツカ川はカムチャダールによってコンチャートではなく、ウイクアル〔大河の意〕とよばれている。コリヤークがカムチャダールをホンチャールと称している理由を十分に説明することはできない。というのは、彼ら自身、その隣族がその名でよばれている理由を知らないからである。一つの推測としては、ホンチャールは、カムチャツカ川の左支流エロフカ川——コーチという名がある——の住民を意味するコーチ・アイの変形であるということができる。

カムチャダールは、彼らの共通のイテリメンという名称のほかに、その住地にある川などの名による名称がある。例えばクィクジャ・アイはボリシャヤ川沿岸の、またスアチュ・アイはアワチ川沿岸の住民をさしている。アイという語は、川その他地名の語尾につけられているが、イテリメンという語がカムチャツカの住民全般をさすように、イテリメンの住地をさしている[1]。コンチャートをこの地域の光栄ある戦士であると考える人は、勇敢さをひとりの個人に帰せしめている点で誤っている。実際にはエロフカ川沿岸の住民はみなコーチ・アイ、あるいはコンチャートとよばれており、勇敢という資質も彼ら全員のものである。というのは、エロフカ川沿岸の住民は古くから、カムチャダールのうちで最も勇敢であると考えられているからである。だからこそコリヤークその他カムチャダールはみなエロフカ川沿岸の住民をその固有名コーチ・アイでよんでいるのである。

コーチ・アイの語からホンチャールという語が生まれ、ホンチャールからカムチャダールという語が生じたことは疑いのないところである。ことに、ヨーロッパ語において外国語が著しく歪曲されることを知っている人にとってそうである。カムチャツカでは、そうした例は数えられないほどである。シベリアの諸種族だけでなく、ロシア人もまた他国語を歪曲してつたえている。例えば、ウス・クィグ——ウス川——をウシと称し、クルー・クィグの語をクリュキ、ウートゥの語をウトカ、カリ・キグをハリリキ、クージの語をクリルまたはクリルツィとなまっているのである。

カムチャツカ諸種族の起源、その先住地、カムチャツカ移住の時期などについては、残念ながら、学問的研究にふさわしいほどの証明をすることができない。彼らの場合、昔のことについてはみな伝承しかなく、彼ら自身これについてなにも言うことができない。しかし彼らは、自分たちが遠い昔からカムチャツカに居住し、他の場所に移住したことはないと断言し、彼らの遠祖は、その昔天上に住んでいたクトフーであるとしている。これについては後でくわしくのべよう。ただ彼らの性向・容貌・習慣・名称・言語・衣服などによって判断すると、カムチャダールは昔モンゴリアからこの地へ移住したものと考えられる。シュテラーはこれに関連してつぎのようにのべている。

（1）カムチャダールは彼らの発生地についての伝承をすべて失ってから、クトフーを信じ、彼らが大昔からカムチャツカに住みついたことを信じるようになった。

（2）ロシア人がこの地に来るまでは、彼らは隣族であるコリヤークとチュクチのほかは誰も知らなかった。日本人およびクリルについては、最近になって交易関係、または暴風によってカムチャツカ海岸に漂着する日本船を通じて知るようになった。

（3）この種族が、雪崩れ、暴風、川の氾濫、野獣との遭遇、自殺、内紛などによって毎年多数死んでいるのに、しかも人口は年々増えている。

（4）彼らはカムチャツカの自然の富、その特質、利用法などをよく知っているが、一年のうちで夏は四カ月しかないため、その知識を十分に実地に生かすことができない。冬は長く夏は短い、しかも夏の四カ月間に彼らは、主な食糧源である漁撈に従事しなければならないのである。

（5）さまざまな道具や生活用具は他の種族のものとはちがい、生活の諸条件や必要に応じて実にうまく工夫されており、発達した頭脳の持主でもその見本を見ないことには思いつくことができないほどである。犬橇の利用法にしてもそうである。

（6）彼らの風俗習慣は粗野であり、その性向はもの言わない動物とあまり変わらない。というのは、彼らは生理的欲求の満足を生活の主要目的と考え、それだけを追求している。しかも魂についてはなにも知らないのである。

彼らの起源がモンゴリアであって、他の諸種族、とくにアムール川左岸のタタールから分かれたものでないこと、またクリルや日本人と血縁関係でないことについてはつぎのように言うことができる。

もしカムチャダールの起源がタタールであるとすれば、現在ヤクートやツングースの住んでいるレナ川の岸辺に住みついたであろう。というのは、かの地はカムチャツカよりも豊かであり、誰も住んでいなかったからである。またもし、彼らは以前レナ川沿岸を住地としていたが、後できたヤクートによってツングースと同様に追い出されたとすれば、ヤクートはツングースについてと同様に彼らについても、なにかの知識をもっているはずである。しかしそれは見られない。彼らがクリルの出でないことは、その風俗習慣や身体的特徴が全く異なることによって証明される。また彼らが日本人から分かれたのでないことは、彼らのカムチャツカ来住が非常に古く、日本人が中国人から分かれてその島に住みついた時期よりも古いことによって証明される。

カムチャダールの来住が大へん古いことは、ロシア人がくるまで彼らは鉄鉱についても鉄の利用についても、また他の金属についても全く無知であったことに示されている。一方、モンゴルは二〇〇〇年以上も前から鉄や銅を知り、タタールが銅からナイフや短剣をつくったように、それで各種の武器や道具を作っていたのである。したがって、カムチャツカに住む諸種族はアジアに王国が発生したころ、ロパリ、オスチャク、サモエドなどと同じように、ヨーロッパにおける他の民族の襲来をのがれて、ペンジナ海岸に沿ってカムチャツカに達したと考えることができる。もしカムチャダールがはじめてカムチャツカに現われたのでなければ、ヤクートに追われたツングースは、安全な避難所としてこの地を見逃すはずはないのである。しかしこの地はすでにカムチャダールによって占領されていたから、ツングースは自分たちが勇敢であるにもかかわらず、これを攻撃しなかった。このことから見ても、カムチャダールがこの地に移住し増殖したのはツングースの出現より前のことであることがわかる。

カムチャダール前住地はアムール川の向う、モンゴリアの地で、以前モンゴルと同一民族を形成していたと思われる。これについてはつぎのことが指摘される。

（1）カムチャダール語には、モンゴル語や中国語と同様に、オング、イング、オアング、チンチヤ、チング、クシ、クスングというような語尾で終る言葉が多い。しかし誰かが言葉や個々の表現の中に、全くの類似をさがし求めたとしても、それは見当らないだろう。というのは、カムチャダール語は一種族の言語でありながら、方言によってひどく異なっているからである。しかし言葉の本質についていえば、専門的に言語を学ばない人でも、発音によって、人の話している言葉がドイツ語であるかフランス語であるか、それともイタリア語であるかを判別できるようなものである。そればかりか、言葉のもつさまざまな意味はそれ自体、カムチャツカ住民の半島移住が古い時代のことであることを示し、今や言葉の間に残っているのは類似の影だけであって、類似そのものではないのである。このことの証明として、カムチャダール語とモンゴル語とが言葉だけでなく、その変化においても似ている事実を指摘することができる。

（2）カムチャダールとモンゴルはともに、背が低く、色が浅黒く、体毛が少なく、髪が黒く、ひげが少なく、頬骨がとがり、カルムィク人に似て鼻が広く、眼窩（がんか）が深く、眉がうすく短く、腹がたるみ、手足が細く小さいことである。そのほか強いものに対して臆病、高慢、卑屈であり、彼らにやさしく接するものに対して頑固で軽蔑を示すことは両民族に共通している。

1　イテリメンの起源については現在までのところ定説はない。カムチャツカの考古学的研究は不十分で、一〇―一一世紀のものしか調査されていない。これに関連して、半島北部の出土品は北東アジアの文化、とくに古代コリヤークの文化と類似し、半島南部地域の出土品はアムール川流域およびクリル列島の文化と関連していることが注目される。

第三章　カムチャツカ諸種族の以前の状態について

ロシア領として征服されるまで、カムチャツカの諸種族はまったく自由に暮していた。彼らを支配する長官もなく、服すべき法律もなく、貢物を納めることもなかった。長老と勇敢な人びとだけがそれぞれの集落で若干の特権をもっていたが、その実質も、彼らの意見が尊重されたという程度にすぎない。しかも彼らは平等であり、誰も人に命令したり、自分勝手に他人を処罰したりすることはできなかった。

カムチャダールの外観は、シベリアに住む他の種族に似ているが、これまでにものべたように、他と異なる特徴をもっている。類似点は、彼らが色浅黒く、毛髪が黒く、眼が細く、顔が平らなことである。相違点は、カムチャダールの場合他の種族ほど顔が長くなく、また頬も張っていない。カムチャダールは頬がぶくぶくしており、唇が厚く、口も大きい。彼らの多くはずんぐりして、肩幅が広く、背が低い（カムチャツカで大男に出会うことはなかった）。海岸に住んで海獣狩りを生業としているものがとくにそうである。

生活は不潔で、顔や手を洗わず、爪を切らず、犬に食わせる食器と同じ食器で食べ、しかも決してそれを洗わない。いたるところが水鳥のアビのように魚くさい。男も女も頭髪を梳らず、二本に分けて編んでいる。長髪を蓄えている女性は、美しく見せるためにそれを幾本にも細かく分けて編み、それを二本に合わせ、端末に紐を結んで背中に垂らしている。髪が乱れると、糸で平らになるように縫いつける。そのため髪は虱だらけで、手や櫛で髪をもち上げて梳くと虱の塊りができる。これを彼らは口でかむのである。あまり髪の多くないカムチャダールは重さ一〇フント〔一フントは〇・四一キロ〕ほどもある仮髪をつけている。そのため頭は乾草の束のようになる。カムチャダールの女性は男性より美しく、また利巧のように見える。そのため女性およびコエクチュチェイ〔女性化された男性〕の中に男性より多くのシャマンが見られるのである。

　カムチャダールは獣皮でつくった服を着、草木の根、海獣の肉および魚類を食する。冬は地下小屋を住居とし、夏は地上の仮小屋で暮す。冬は犬橇を使い、夏期舟航のできるところではバートィ〔海で用いられる小舟〕を利用し、それ以外の地域では徒歩である。重いものを運ぶとき男はそれを肩でかつぎ、女は頭の上にのせる。

　カムチャダールは神、悪徳、善行について正しくない観念を抱いている。つまり大食と無為および性の営みを大へんな幸福と考え、歌、踊り、好色物語などで欲情を刺戟している。憂愁と不安を主要な不幸と考え、なんとかしてこの不幸からのがれようとし、ときには生命さえも惜しまない。彼らの考えによれば、思うように生きられなければ、死んだ方がましだというのである。したがってロシアによるカムチャツカ征服以前にも自殺が大へん普及していたが、征服後その数はさらに増加し、モスクワからロシア人にたいして、カムチャダールを自殺させないように注意した特別の勅令が発布されたほどである。

とはいえカムチャダールはのんきに暮している。働きたいときに働き、目前の必要だけを考え、その先のことは思いわずらわない。彼らは功名心を抱かず、富や栄光を知らず、したがって彼らのうちに金銭欲や高慢は見られない。ただ放恣（ほうし）や自分の欲望を満足させることを好み、短気で憎しみを抱き易く、夢想的である。だから彼らは内紛や近隣民族との戦闘のとき、敵の土地を奪取したり、権力を獲得したりすることを目的としているのではない。その原因はしばしばなんらかの侮辱、食糧の奪取であり、なによりも多いのは女の獲得である。彼らは戦争をして強奪することの方が自由意志でこれを得るより容易であると考えている。後にものべるように、カムチャダールにとって妻を獲得することは大へん高価についたのである。

以上のような理由によって、カムチャダールにおける交易は富の蓄積ではなく、生活必需品の取得のために行われた。彼らはコリヤークにテンやキツネの毛皮、犬の皮、干したキノコその他をあたえ、相手からはトナカイ皮製の衣服や他の皮革を受取った。カムチャダールは仲間同士の間では余分なものを交換し合った。その交換の対象としては犬、小舟、椀、桶、網、イラクサの繊維、食料品などであった。交換は友情の確立および維持の形をとって行われた。すなわちカムチャダールはなにか必要なものができたとき、誰か他人の家を訪れ、その主人に向かって、お客としてきたことをつげる。その主人と以前から知合いでなくても同じことである。すると主人はお客をご馳走し、自分の気に入る品物をみなお客から剝ぎとり、ほとんど裸にして家に帰す。その後主人は相手の家を訪れ、同じように迎えられる。双方はこうして必要なものを受取るのである。

カムチャダールの行動は大へん粗野で、その習慣の中に礼儀とか挨拶とかは見られない。彼らは他人に出会っても帽子をとらず、頭をさげることもない。カムチャダールは話好きではないが、知識欲に富み、彼らの理解できる範囲で事物や現象の発生や原因の説明を見出そうとつとめる。

カムチャダールは世界の一切のもの――天・大気・水・山・森――に霊があるものと考え、これを怖れ、神よりも敬う。彼らは若干の霊の像を身につけたり、住居においたりする。カムチャダールは神を怖れないだけでなく、困難なときや不幸なときにこれを嘲笑するのである。

カムチャダールは一〇〇までの数は知っているが、自分の年を知らない。しかし指の助けなしには三つまでも数えることができない。一〇以上の数をかぞえるときの彼らの様子は大へん滑稽である。そのとき彼らは手の指を数え終ってから足の指に移る。手足の指をかぞえて二〇を越えると、彼らは困った顔をしてマチャ、あとはどうしよう、と言うのである。

一年は一〇カ月とされ、月によって長短がある。これはカムチャダールが太陰暦を知らず、仕事のできる期間によって月の名称をつけ、配列しているからである。

こうして彼らの最初の月はチュジリンガチ・クレチ、浄罪の月とよばれる。この月に彼らのお祭りや浄罪が行われる。第二の月はクカムリリンガチ・クレチ、寒さで斧の柄(え)の折れる月。第三の月はバラトゥル・クレチ、暖かい日のはじまる月。第四の月はクィディシュクンヌィチ・クレチ、日の長くなりはじめる月。第五の月はカフタン・クレチ、ナスタウオイの月。第六の月はクイシェ・クレチ、赤い魚のとれる月。第七の月はアジャバ・クレチ、白い魚の月。第八の月はカイカ魚の月。第九の月はクィジュ・クレチ、白い魚の月、第一〇の月はキフテール・クレチ、落葉の月。

この最後の月は一一月まで、あるいは彼らの浄罪の月までつづく。だからこの月は三カ月以上の長さになるのである。以上のような月名を使っているのは、カムチャツカ川沿岸の住民だけであって、カムチャダール全部ではない。カムチャツカ川の地方に住むカムチャダールの場合は、月の名称も順序も異なっている。第一の月はケルオオリ・クレチ、川の氷る月。第二の月はクジャチ・クレチ、獣の足跡をさがすのに好都合な月。第三の月はチュジリンガチ・クレチ、浄罪の月。第四の月はクカムリリンガチ・クレチ、寒さで斧の柄の折れる月。第五の月はクィディシュクンヌィチ・クレチ、日の長くなりはじめる月。第六の月はシジョ・クレチ、ラフタキが子を生む月。第七の月はクウリ・クレチ、アザラシが子を生む月。第八の月はコジャ・クレチ、乗用トナカイが子を生む月、第九の月はカユ・クレチ、野生トナカイが子を生む月。第一〇の月はクイリコジャリデチ・クレチ、漁撈のはじまる月。

一年は四季に分けられ、夏はアダマリ、冬はコエレリュ、秋はクィトヘイリ、春はウガリという。四季のそれぞれはいつ始まり、いつ終るのかという私の質問にたいしては、カムチャダールは、知らないと答えた。しかしシュテラーは、世界が無限から存在しているのではなく、ある始まりをもっていることを彼らがよく知っている、と書いている。彼らは天体の運行を知らず、一年を半分に分け、それぞれに六カ月があるものと考えている。こうして彼らの場合、冬は一年、夏もまた一年である。

年の長さは月のみちかけによって定められ、新月から新月までの日数によって一カ月の日数が定められる。夏の年は五月、冬の年は一一月からはじまる。南カムチャダールは五月をタワー・コアチ、すなわちシギの月〔コアチは月と太陽〕というが、その理由はこの時期にシギが飛来し、いたるところに現われるからである。六月はクア・コアチ、カッコウの月とよばれる。カムチャツカではこの時期にカッコウが鳴くのである。七月はエテムスター・コアチ、夏の月である。八月はキフズヤ・コアチ、月下で魚をとる月。九月はコアズフタ・コアチ、木の葉が褪色し落ちる月。一〇月はピキス・コアチ、ナベケリの月というが、その理由はこの時期にはじめて、夏の間木の葉にかくれていたこの小さな鳥を見ることができるからである。

この六カ月が夏であって、また第一の年でもある。冬の年の最初は一一月でカザ・コアチとよばれる。これはカザアン〔イラクサのこと〕という語に由来している。この時期にイラクサを水にひたし、ひき裂き、干すのである。一二月をノッコオスノビリ——いくらか冷える——というが、これはこの頃から寒さがひどくなるからである。一月はジザ・コアチとよばれ、私にさわるな、という意味である。この時期に流れに口をつけて水を飲むことは大へんな間違いとされている。そうしないために、柄杓または柄杓の代用をするヒツジの角を利用する。この理由は、流れに口をつけて水を飲むと唇が凍傷にかかるからである。二月はキチャ・コアチというが、これはカムチャダールが小屋の屋根にのぼるために使う梯子に由来する名称である。三月はアグドゥ・コアチとよばれる。この時期にユルトの天窓の周囲に見られる氷雪の解け穴に由来する言葉である。四月はマスガル・コアチ、セキレイの月。カムチャツカではこの鳥の出現とともに冬が終り、夏の年の開始を意味している。

シュテラーによる以上の報告に関連して二つのことを指摘したい。(1)彼は賢明な人物に出会って、その人と話し合うことができたこと、(2)一年における月の数とその名称は全カムチャダールを通じて同じではないこと。

カムチャダールは月を週、その他に分けず、また、曜日の名称はもっていない。また月および年における日の名称を知らない。年号の算定は彼らの生活における大きな出来事、例えばロシア人のカムチャツカ出現やカムチャツカ大暴動、あるいは第一次カムチャツカ探検隊の活動〔ベーリングの第一次探検〕によって行われる。また彼らは文字を知らず、ただ言葉や伝承に頼るだけである。そのため時代の流れとともに真実は忘れ去られ、その影が残るだけとなるのである。

彼らは日食と月食の原因も知らず、それが起ると火をユルトから運び出す。こうすると日月は再び以前と同様に輝き出すと考えられている。日食と月食はクレチ・グジチという。カムチャダールの知っている星座は大熊座と七曜星およびオリオン星座中の三つの星だけである。大熊座はクランフリ、七曜星はデジチまたはイジチ、オリオン座はウカリテジドという。雷鳴や稲妻の原因は悪霊、あるいは火山の内部に住む人間に帰せられる。

風のうちで名前をもつものは東風シャングィシュ〔下から吹く風〕西風ブィクィムィフ、北風ベテジェム、北西風タギ、南風チェリュクィムグおよび北東風だけである。このうち北東風はコアスピユリ、すなわち脂肪を含んだ風とよばれる。その理由は、この風で氷が岸に寄せられ、その結果海獣狩りが容易になり、脂肪分の多い食糧が確保されるからである。カムチャツカ川の北に住む人びとは東風をクネウシュフト〔海から吹く風〕、西風をエエムシュフト〔陸から吹く風〕、北風をティングィルシュフト〔冷たい風〕、南風をチェリュグィンクという。南西風をグィングィ・エエムシュフトというが、これは女の天気という意味で、この風の吹く頃、空が女のように泣くと考えられている。

カムチャダールの裁判と刑罰は共同で行われる。殺人者はふつう殺された者の親戚によって殺される。泥棒は少なくない。彼らはシラカバの樹皮にくるまれ、手を焼かれる。しかしはじめて捕まった者にたいしては、盗まれた者が盗んだ者からなんの抵抗も受けることなくこれを打擲(ちょうちゃく)する。その後泥棒として捕まった者は、誰の助けもかりずにたったひとりで暮すように人里離れた場所に追放される。彼は政治的死を宣告された文句のない悪漢として誰とも交渉をもってはならないのである。未知の泥棒はまたシャマンも加わった大勢の前にひき出され、そこで野生羊の脊髄の筋を焼く。彼らの考えによると、筋が縮むように悪が除去されるのである。

カムチャダールは決して財産や住居のことで争うことはない。土地、水、動物が全員に十分なほどあるからである。またカムチャダールのひとりひとりは、その生まれ故郷の川や草地で自分の必要以上の食糧を手に入れることができるから、土地の境界をめぐる争いの起ることはない。

カムチャダールの中には三人の妻をもつ男がいる。そのほか人によっては、いわゆるコエクチュチェイを使用している。これは女性の服装をして、男を忌み嫌って近づかず、一切の重労働をする人のことである。

カムチャダールは長さの単位を知らず、距離は旅行者が途中で必要とする宿泊の数によって定められる。

カムチャダールは他人の歩き方、声音(こわね)、話し方を真似ることが大へん上手である。また鳥獣の真似も好きで、彼らの楽しみの一つとなっている。

カムチャダールの生活が実際にどんなに粗野であり、その行動が原始的であるとしても、彼らは自分たちの生活や楽しみにまさるものは世界中にないと考えている。だから彼らはわがコサックの生活のうち、彼らと異なる部分を軽蔑の眼差しでながめたのである。しかし今やあらゆる点で重大な変化が起った。古い習慣を固守する老人たちはしだいに死んで行き、若い人はほとんど全員キリスト教の信徒となり、その先祖の生活様式や儀礼を野蛮な迷信であるとして笑い、なんでもかんでもロシア人にならおうとつとめている。各集落にはトイオンとよばれる首長がおり、皇帝の命令によってその部下にたいする裁判権があたえられている〔刑事関係をのぞいて〕。多くの場所でトイオンだけでなく、ふつうの住民でもロシア式の小屋を建て、またところによっては祈禱のための礼拝堂も見られる。カムチャツカに学校も建てられ、カムチャダールは喜んでその子どもをこれに送りこんでいる。こうして近い将来に、カムチャダールの生活におけるあらゆる遅れた部分は根絶されるであろう。

第四章　カムチャツカの集落について

カムチャツカでオストロシカといわれるものは、一軒または数軒の半地下小屋および夏期用小屋（バラガン）からなるカムチャダールの集落を意味する。

こうした集落はカムチャダール語でアティヌムとよばれる。しかし、カムチャツカにおけるロシア人の出現、原住民が自分たちの集落のまわりに土塁や矢来をもって防備をほどこしているのを見て、コサックたちがこの異名を与えたのである。定住コリヤークは今でもこうした防塞をつくっている〔オストロシカとはもともとカザクたちがシベリア進出の拠点として、または原住民の攻撃を防ぐ砦として築いたものである〕。

彼らの半地下小屋のつくり方はつぎの通りである。まず深さ二アルシン〔一アルシンは七一・一二センチ〕ほどの穴を掘る。その長さと幅は居住者の数による。穴のほぼ中央に、相互の間隔を一サージェン〔一サージェンは三アルシン〕以上にして四本の太い柱を立てる。この柱に太い横桁(よこげた)をのせ、中央に窓と出入口と煙突の役割を果す四角の穴だけを残して、天井をおおってしまう。それから横桁に丸太をたてかけ、その下端を地中に埋める。この丸太に格子状に小枝をしばりつけて草でおおい、上から土をかける。こうして半地下小屋は外から見ると、小さな丸い丘の形をしている。しかしその内部は四角で、しかもほとんどの場合二面が他の二面よりも長い。一つの長壁の下、垂直の柱と柱の間に炉がある。ここから煙を導く目的をもって、上部の四角の穴の直下、炉の真上に穴がつくられている。この穴から入る空気が上部の穴を通じて煙を追い出すのである。

小屋の内部の壁に沿って、家族が寝るための棚がつくられている。棚は炉の向かい側にはつくられない。というのは、そこにはふつう道具類、人間やイヌの食糧を煮るための木製の皿や桶などがおかれるからである。棚のない小屋では、壁にそって丸太がならべられ、寝る場所には粗い布地が敷かれる。小屋の内部には装飾品はなにもない。ただ稀に草で編んだ寝所用のむしろが壁にかけられている。これは彼らの言葉でチレルと呼ばれる。

北部カムチャダールの場合、小屋の中にハンタイおよびアジュタクとよばれる二つの偶像をおいている。ハンタイはセイレネスの形、つまり頭から胸までは人間で、下半身は魚の形をしたものである。これはふつう炉のそばにおかれるが、同じ名称の神霊があるということはわかったが、その目的などは知ることができなかった。毎年浄罪の儀式のとき新しいハンタイ像がつくられ、古いものといっしょにおかれる。その数によって、その小屋が新築後何年たったかを知ることができる。アジュタクは、一端を人間の頭の形にした短い棒である。これは家具の上におかれ、小屋から山霊を追い出す守り神と考えられている。そのためカムチャダールは毎日それに食べさせる。その頭と顔に百合の根や魚のだし汁を塗りこむのである。

こうした偶像は南カムチャダールでも見られ、アジュルナチとよばれる。ただハンタイのかわりに、上端を人間の頭の形にした丸太を丘陵の上に立てる。これはウリルィダチとよばれる。

小屋へ入るのは、梯子――ふつうその真下に炉がある――を用いる、したがって炉に火を燃やしているとき、慣れない者が昇降することは難かしい。梯子は手でつかむことができないほど熱せられ、むせかえらないように息をつめなければならない。しかしカムチャダールにとってこうしたことはなんの障害でもなく、まるでリスのようにかけ上り、靴下一枚だけで階段に立ち止まることがある。子どもを背中におぶった女性も煙の中を出入りする。ただし女性とコエクチュチェイはジューパンとよばれるもう一つの穴から出入りすることを許されていた。しかし男がジューパンから出入りすれば、みんなの笑いものになった。だからコサックたちがはじめ煙の中を通るという彼らの習慣を知らないでジューパンから出入りしたとき、カムチャダールはコサックがみなコエクチュチであると考えた。

カムチャダールは、特別につくられた二本の棒に燃えさしをはさんで、これを上の穴を通して外へ投げすてる。この棒はアンドロンと呼ばれている。大きな燃えさしを深い小屋の中から上手に投げ上げられる者が巧者とされている。

この半地下小屋でカムチャダールは秋から春まで住み、それから夏の仮小屋に移る。南カムチャダールは半地下小屋をトゥゴムケゴチチとよび、北カムチャダールはクズーチまたはティムースチチと称している。

半地下小屋の近くには、その集落に住む家族数だけの仮小屋がある。仮小屋は納屋またはアンバル（倉庫）のかわりでもあり、夏の住居でもある。その建て方はつぎの通りである。はじめ九本の柱を高さ二サージェンあまりに立てる。これを同じ間隔で三列にし、その上に横桁をおき、それに小枝を敷き、やがて草でおおうのである。こうしてつくられた床の上に、小枝で尖った高い三角形をつくり、それを条枝で編み、それをふたたび草でおおう。風で草が飛ばされないように短い棒をのせ、それを細紐でしばりつける。入口は互いに向き合うようにして二つつくる。仮小屋へのぼるには、冬期小屋へ降りるとき使うのと同じような梯子が利用される。

カムチャダールはこうした仮小屋を冬期住居の近くだけでなく、食糧採取の場所の近くにもつくる。仮小屋は、漁撈の期間中しばしば降る雨のことを考慮に入れるとカムチャダールに多くの利益をもたらす。魚はその屋根の下の吹き抜き風で乾燥させられる。仮小屋はカムチャダールにとって、つぎのような点でも好都合である。つまり彼らは寒さの到来とともに夏の仕事から半地下小屋にもどるわけであるが、乾燥した魚は梯子をはずされたままの仮小屋に番人もなしに放置される。こうして貯蔵された食糧は動物にもほとんど荒されないままで保管される。獣類がこれにのぼって入りこむことは容易でないからである。もし仮小屋の床下がこんなに高く建てられていなければ、人間が貯蔵した食糧はすべて獣類に食われてしまうことであろう。このように高くても、クマはあらゆる困難を克服してときどき仮小屋の中に入りこむことがある。

仮小屋付近における夏期作業のために、草ぶきの掘立小屋をつくる。これはカムチャダール語でバジャボジ、ロシア語でバラバとよばれる。カムチャダールは天気の悪いとき、この中で炊事をしたり、魚をきれいにしたりし、コサックは海水を煮て塩をつくる。

人口の多い集落は四方を仮小屋にとりかこまれ、遠くからながめると一大集落に見える。したがって、こうした集落は都市のように見え、われわれがこれまで見たことのない仮小屋の形は塔のように見えるのである。

カムチャダールはふつう彼らの集落をカムチャツカ川の中の島やその他の、自然的条件によって集落の安全を確保できるような場所に構築する。ふつう集落は海岸から二〇ウェルスタ以上内陸に入った場所に営まれるが、夏期集落は河口付近につくられる。しかし以上のことはペンジナ海沿岸に住む南カムチャダールの場合のことであって、東の大洋沿岸では海岸に接している集落が見られる。

いずれかの川に沿っている集落の住民は、その川を自分たちの氏族の所領と考え、そこから他の川に移動することはない。もし一家族または数家族が独立した半地下小屋に住みたいと思えば、集落のある川の上流または下流、あるいはその支流に沿ってその住居を構築する。したがって、それぞれの川に沿って祖先を同じくする一つの氏族が住んでいると考えることができる。シュテラーがカムチャダールからきいたところによると、彼らが神または祖先と考えているクードКут はカムチャツカの各河川に一年ずつ住み、子どもが生まれるとそれを生まれた場所に残した。このクートの子どもから、それぞれの川に沿う現在の住民が出現したのである。このクートはクリル湖から流出するオゼルナヤ川まで達したとき、自分の仕事が終ったと考え、カムチャツカから立ち去ったのである。

カムチャダールは川に沿って、狩猟に出かける。以前はこのおきてはきびしく守られたが、今では海獣狩りを望むものは、自分の住居から二〇〇キロも遠く、アワチャ湾やクリル、ロパートカ方面へ出かけている。

第五章　カムチャダールの家財道具などについて

　カムチャダールの家具と言えば、自分たちのイヌのために食物を煮る鉢と桶、コップのかわりに用いるシラカバ皮製の飲器、および橇と小舟からなりたっている。もしもカムチャダールが他の民族と同じように金属製品を使用していたら、これらのことは記述する必要のない事がらである。したがって鉄製道具なしで各種道具をつくる能力が注目に値する。建てたり、伐ったり、割ったり、切ったり、縫ったり、火をおこしたり、木製容器で食物を煮たりすることがすべて金属製品なしで行われるのである。しかもカムチャダールによって工夫されたこれらの方法が、文明世界の民族ではなく、三つまでしか数えられないような後進の粗野な民族によって工夫されたのだからなおさら興味深い。生活の向上のために工夫する力というものは、必要に迫られるとき、実に強大である。

　カムチャダールは、ほとんどロシア人のカムチャツカ出現の直前まで、金属の代りに骨や石を利用した。彼らはこれらの材料で斧、ナイフ、槍首、矢、ランセット〔手術用のメス〕、針などをつくった。斧はトナカイやクジラの骨、または碧石で楔形につくり、それをロシアの手斧のように、曲がった柄に平らに縛りつける。彼らはこれを使って小舟、鉢、桶などを長い時間をかけてつくるのであるが、小舟には三年、大きな鉢をつくるには一年以上を要する。したがって小舟や大型の桶、鉢などを見ると、カムチャダールは大へん驚くのであるが、それが芸術的であったり、貴重な金属でできていたりする場合はなおさらである。こうした珍しい容器をもっている集落は他の集落の住民の前で賞讃される。それは一般的な誇りの対象である。ことに誰かが一つの容器で一人以上の客をご馳走できるときはなおさらである。こうした場合、客にきた一人のカムチャダールは二〇人前を平らげるからである。こうした容器に焼けた石を入れて魚と肉を煮たのである。

ナイフは緑色または煙色の水晶で先端の尖ったランセット形に仕上げ、それに木製の柄をとりつけた。そして鏃（やじり）や槍首、ランセットなども同じ水晶によって作られ、現在でも血を流すことに用いられる。縫針はテンの骨でつくられるが、彼らはこの針を使って上手に着物や履物を作るだけでなく、模様までほどこしたのである。

カムチャダールの火をおこす道具は、乾燥した板片の縁に穴をあけたものである。この穴に、同じく乾燥した丸い棒をさしこみ、それを錐もみにもんでまわして火を起す。ほくち（火絨（かじゅう））のかわりにトンシチ〔もんで柔かにした草〕を利用する。木を摩擦させたときにおきた煤（すす）の火をこの草に移して吹き起すのである。カムチャダールは各人がこれらの道具をシラカバ皮の箱に入れて携帯した。現在でも彼らはロシア式よりも自分たちの方法で火を起す方が早いと言って、彼らの道具を利用している。しかし、他の鉄製道具、たとえば斧、ナイフ、針などについて言えば、ロシア人の進出以後、幸いにしてこれらの鉄器を所有するカムチャダールは富裕であると考えられた。そして彼らの場合現在でも、使い古した鉄鍋の一片も決して無駄に捨てられることはない。彼らはそれを材料にして針や鏃など役に立つものを作るのであるが、その製法と言えば、鉄を火に焼くことなく、冷たいままで石の上に石を鎚の代わりにしてたたくのである。こうした鉄の扱い方はカムチャダールだけでなく、コリヤークその他の場合も同じである。とくにチュクチはロシア人から鉄釜を高い値段で買って、これを槍首や鏃につくり変えるのである。今では、チュクチは不穏な民族だからというので、どんな鉄器でも売ってはならないことになっているが、そもそも彼らが鉄製の容器を武器製作に利用することは誰も考えつかなかった。

彼らは稀にロシア人から鉄砲を奪いとることがあるが、その使い方はよく知っていない。少なくとも、薬室の清掃法や油の塗り方などを知らないためまもなく駄目にしてしまうのである。針は耳が折れて小さくなっても上手になおして使う。耳のあった方の端末を石でたたいて平らにし、他の針を使って新しい耳をあける。こうしてほとんど針の先だけが残るまで利用されるのである。

私がカムチャツカに滞在した間、銅器や鉄器を使うものは、清潔の価値を知り、ロシア人の風習に従うものだけであった。その中には、ロシア人集落の近くに住み、しばしばロシア人を訪れ、新たに正教徒となった有力なトイオン（族長）が含まれていた。他のカムチャダールは今でも彼らの木製容器を捨てていない。

カムチャダールは、彼らがロシアに服属する前から、クリル列島へきた日本人を通じて鉄製道具を知っていたという話がある（一度は日本人がボリシャヤ川の河口に流れついたことがある）。またカムチャダールは日本人のことをシュシャモン Шишамон とよぶが、その理由はカムチャダール語でシシュ Шишь とよばれている鉄針を日本人からはじめて買ったからだという話もある。疑いもなく、日本人が以前に取引の目的をもって小舟（プースイ）でやってきたことはたしかである。というのは私自身クリル列島方面から日本刀、漆塗りの盆、銀製の耳輪などを手に入れたが、これらは日本からきたと考えるほかはないものである。しかし日本船がボリシャヤ川に来たかどうか正確に断言することはできない。というのは日本人のような航海者が重大な困難と危険をおかして貿易や新しい土地の調査のためにこの地まで出向くとは信じ難いからである。しかし彼らの船が悪天候によってここまで流されたことはある。そうしたことは最近では稀ではない。

この粗野な民族が石刃や石斧を使って上手に作ったものの中で、私が一ばん驚嘆したのは、ガウリール号がチュコート半島から運んできたセイウチの骨を材料とする鎖である。それは一本の骨でできていて、よく磨かれており、上の輪は下の輪より大きく、全長は半アルシンほどであった。私は敢えて言うが、この鎖の出来栄えから見て、研磨機具の助けをかりず、粗野なチュクチ人が石器を使ってこれを作ったとは誰も考えられないであろう。このチュクチ人の芸術家は、自分の器具が不十分であることを考慮に入れて、仕事に対して決して退屈心をおこさず、この作業につぎこむ十分な余裕を持っていたのである。というのは、カムチャダールが他の品物をつくる場合のことを考え合わせると、チュクチ人のこの鎖の製作には少なくとも、一年を要したことは疑いない。この鎖がなにに使われたかは不明である。コサックはこの鎖を誰もいないチュクチ人の小屋で見出したからである。

コリヤークの鎧クーヤキは細長い骨片に皮紐を通してつくられる。また先が三つ又に分かれた骨製の闘棒 Chekush は長い木の柄にとりつけられ、戦闘のとき用いられる。これもまた前記の鎖に劣らずよく磨かれている。

カムチャダールの橇については、その作り方などをふくめて犬橇の利用を述べるときにふれよう。ここでは彼らの舟のことについて言及しよう。

カムチャツカの舟――現地ではバティと称せられる――の作り方は二通りあるが、その形式によって呼び方も異なる。一つはコヤフタフト、もう一つはタフトとよばれる。前者はロシアの漁師の小舟と変わるところがない。つまり首部は尾部よりも高く、舟側は横に張っている。ところが後者の場合は首部、尾部、舷部がみな平らで、場合によっては舷部の方が低いことさえある。しかも側部は外側に張っているのではなく、逆に内側に曲がっているため、舟行に不便である、とくに荒天の場合にそうである。というのは水が中に入りやすいからである。コヤフタフトの方はカムチャツカ川の上流から河口までに用いられ、東海とペンジナ海ではタフトが使用される。

タフトに安定性を与えるため、ポープル海沿岸の住民たちは側部に板を張りつける。この場合タフトはバイダルとよばれる。住民たちはこれに乗って海獣狩りに出かける。こうしたバイダルの底板は二部分からできており、クジラのひげで縫い合わされ、接ぎ目にはコケまたは柔かいイラクサが詰めこまれている。彼らは、接ぎ合わされないバイダルが波のために割れることを知っており、事実、しばしば遭難の原因にもなったのである。島やロパートカ岬に住むクリル人は竜骨のあるバイダルを作り、クジラのひげで縫い合わせ、間にコケを詰める。

カムチャツカにおける舟の材料は例外なしに白楊(はくよう)である。クリル人の場合は別で、日本、アメリカ、中国の沿岸から流れてくる漂木でバイダルを作っている。彼らの島には適当な木が生育しないのである。北部カムチャダール、定住のコリヤークやチュクチはセイウチの皮でバイダルを作る。

その理由は、適当な木材がないためか、それとも鉄がないから皮の方が細工しやすいためであると思われる。

小舟には首部と尾部に一人ずつ人が坐ってこれを操り、魚をとったり、荷物を運んだりする。この舟で棹を使って流れをさかのぼることは大へん困難である。流れの速い場所で、棹で舟を半アルシン進めることは容易でない。しかし達者なカムチャダールはこれらの困難を克服して、重い荷物の場合一日に二〇ウェルスタ、軽い場合は三〇—四〇ウェルスタを進むことができる。川を渡るときは、ロシアのウォルホフ川の漁師のように、立ったままで櫂で漕ぐのである。

大きな舟では三〇—四〇プードの荷物を運ぶことができる。乾燥した魚のように軽くてかさばる荷物の運搬には、二そうの舟を板で結び合わせた筏が利用されるが、しかし急流で筏を進めることは困難で時間を要するため、水深があって流れも緩やかなカムチャツカ川だけで使用されている。他の川では流れを下るのに筏が利用され、必要止むを得ない場合だけ上りに利用される。例えば、カムチャダールが海での漁撈が終って、家財道具や子どもといっしょに集落へ引き上げるときか、あるいは海岸で塩漬けにした魚の樽などが舟に積み切れない場合などである。

第六章　男子の仕事と女性の仕事

カムチャツカの生活においても、農民の生活と同様に、季節によって仕事が異なっている。夏の間男子は魚を獲ってそれを乾燥させ、さらにそれを自分たちの住居まで運んでくる。またイヌの飼料として骨や酸味のある魚を用意する。女性はこのとき獲った魚をきれいにしたり、臓物を抜いたり、またときには魚を獲るうえで男を助ける。また女性たちは、余暇があれば食糧としてだけでなく、薬用としてさまざまの草、根、実などを採集する。そのうちで甘味のある草は以前食用として集められただけであったが、今では酒をつくるのにも利用されている。またアカバナその他の草は壁かけやマント、袋などの材料となっている。彼女たちはまた、食糧その他の備蓄品を考慮に入れながら、家事を切りもりする。

秋になると、男たちは秋の魚を獲ったり、ガン、白鳥、カモなどの鳥をとったり、ヤクート人がウマの面倒を見るように、彼らのイヌを一頭ずつ別々の柱につないでその面倒を見るのである。女性たちはイラクサを集め、それを水に浸し、手でもみ、ひき裂き、夏期用小屋の下にそれを積む。また野原へ出て、ネズミの穴を見つけては、この動物が貯えているユリの球根（サラナとよばれる）を集めるのである。

冬になると男たちはテンやキツネを獲ったり、漁網を編んだり、橇を作ったり、薪とりに出かけたりする。また夏の間にそこここに用意しておいて、秋の間に運び切れなかった物を家まで運搬する。女性は漁網用の糸を撚るのであるが、この仕事は大へんな時間を必要とするもので、ひとりの女性がひと冬の間働いても、その夫が夏に使う網の材料にも満たない。家族の多い家庭では余るほど糸を撚り、それを針、絹地、ジギタリス、ナイフなどの品物と交換している。

春、川の氷が解けると、その中で冬を越した魚が海に向かう。男たちはこれを獲るために河口へ出かけたり、あるいはラッコその他海獣を獲るために遠く東海やクリル、ロパートカ方面までおもむくのである。女性たちはツンドラへ出かけてノビルその他若草を採集するが、これはこの時期まで不足であった青物をおぎなうだけでなく、一つの楽しみのためでもある。というのは、彼らは実に青物を好み、春の間中、口からそれを離さないほどである。女性たちはその頃みなツンドラに出かけて、夕方には大きな荷物を担いで家へ帰ってくるが、その荷物が一昼夜ともたないのである。

以上のほか、男たちの仕事としては半地下小屋や夏期用小屋を建てたり、半地下小屋を暖めたり、食事を作ったり、イヌに食わせたり、来客のときにはこれを歓待したり、衣服のために必要であればイヌその他の動物の皮を剝いだり、家具や武具をつくったりすることである。衣服や履物の皮を仕上げて、実際にこれを作ることは女性たちの仕事である。カムチャダールの場合、女性は裁縫師であり、また靴職人でもある。男たちはコエクチュチェイと言われる不名誉を恐れて、決してこうした仕事に手をつけない。そのため彼らははじめ頃、コサックたちが針あるいは錐を手にしているのを見て、みなコエクチュチェイであると考えた。カムチャダールではものを縫うのは女性と、女性の服装をして女性の仕事しかしないコエクチュチェイだけだからである。彼らはまた仕上げられた皮に色をつけたり、病気をなおしたり、シャマンの術を行なったりする。つぎに、皮の仕上げ方、色のつけ方などについて一言しよう。

外套用の皮、例えばトナカイ、アザラシ、イヌ、ラッコなどの皮はすべて同じ方法で作られる。はじめ生皮の内側が水に浸され、棒切れの中央に挟みこまれた石の刃を利用して、剝皮（はくひ）のとき付着している肉や筋をけずり落すのである。それから口で噛（か）んで醗酵させたもの、あるいは新鮮な魚卵を塗り、再び裏返して足で踏みしだき、再び皮の内側をけずってきれいにし、皮が柔かく美しくなるまでこれをつづけるのである。

皮をなめそうとするときは、上記のようにして皮の内側の肉や筋をけずり取り、それを一週間ほど煙でいぶり、それから湿らせて毛が落ちるように蒸しあげ、最後に魚卵を塗って、前記と同じようにもみ、踏みしだき、石でけずるのである。

トナカイとイヌの皮を衣服に使用するときは細かくくだいたハンノキの皮を何度もこすりつけて染める。衣服と履物及び橇を緊縛するのに使う皮紐用のアザラシの皮は異なった方法でつくられる。まず毛を外側にして皮を袋の形に縫い合わせ、この袋の中に細かくくだいたハンノキの樹皮の濃い煮だし汁をつめこみ、しばらくしてこれを木の枝にかけ、棒でこれをたたくのである。その後しばらく放置し、やがて再び木の枝にかけ、棒でたたくのであるが、この過程は染料が皮にしみこむまでつづけられる。最後に皮袋の縫目を切り、皮をひきのばして空気中で乾燥させ、手で柔かくなるまでもんで実際に使用される。こうした皮は山羊皮 Сафьян によく似ているが、シュテラーによると、ラムート人はカムチャダールよりもアザラシの皮（ラムート語でМандары）の仕上げ方が上手であるとのことである。ラムート人はこうした皮一枚について八〇コペイカほどの値段で売っている。アザラシの毛は簡単に色物ともよばれ、衣服や履物に縫いこまれる。この毛はコケモモの出し汁にハンノキの皮および明礬をまぜたもので染められる。この色はまっ赤である。

彼らは衣服や履物を骨製の針を使って縫うのであるが、糸のかわりにトナカイの筋を用いる。これは必要に応じて細くも太くも撚ることができる。

また彼らは魚の乾燥した皮、とくにクジラの皮を利用して膠をつくる。この皮をシラカバの樹皮に巻き、これを熱い灰の中に入れ、しばらくして取り出し、必要に応じて使用する。この膠はすぐれた魚膠として大へん強力である。

第七章　カムチャダールの衣服について

現在までのところ、さらには大部分今日でも、カムチャダールはトナカイ、イヌ、アザラシ、その他の海獣および陸獣の毛皮、さらには鳥の毛皮を種類におかまいなくいっしょに縫い合わせたワンピースを着ている。私はクリル人がこうして縫い合わされたパルカ Парка を着ているのを見た。しかし上に着るワンピースの縫い方はちがう。ただし、その相違はそう大きくはないけれども。

上に着るワンピースはわがコサックによってクフリャンカ Кухлянка、北部カムチャダールによってコアヴィス Коавис、南部カムチャダールによってカフピタチ Кахлитачь とよばれる。クフリャンカには二通りの裁ち方がある。すなわち、一つは裾が平らで、もう一つは後側にえぐりと長い尻尾がつけられている。前者はまるいクフリャンカ、後者は尻尾つきのクフリャンカとよばれる。それはトナカイ皮で膝下までの長さに縫われ、広い袖と頭巾（吹雪のとき帽子の上からかぶる）をつけている。襟はたいへん細く、頭が通る程度である。襟には犬の脚が縫いつけられ、悪天候のときこれで顔をおおう。裾、袖、頭巾のまわりには、長くて白い犬の毛皮からなる縁飾りがつけられる。犬の毛皮は他のなによりもよいとされている。クフリャンカの背中には、絹糸で刺繍した二つの大きなこぶ шишки、あるいはさまざまな色で染めたまだらの革紐がとりつけられる。

クフリャンカは二枚にして着る。下の方は毛を、上の方は皮を下にする。下の方は皮がハンノキで染められ、上の方は黒、白あるいはまだら（これは他の色よりよいとされている）など好きなものが選ばれる。しかしこの衣服はカムチャツカ本来のものとは考えられない。というのは、カムチャダールはそれをコリヤークから入手し、自分たちは犬、テン、キツネ、リス евражка、山ヤギの毛皮で縫っている。カムチャダールのワンピースの裁ち方はコリヤークの場合と同じである。

このほか、カムレイ Камлей とよばれるワンピースがある。これも二枚ずつで縫われるが、それがクフリャンカとちがうのは、その長さがほぼ踵まで達する点で、いかなる色にも染められない。しかし、これもコリヤークから入手している。

コサックとカムチャダールが自慢にしている最良のワンピースはパルカ Парка とよばれ、北部カムチャダールによってティンゲク Тингек、南カムチャダールによってタンガク Тангак とよばれる。パルカの長さはクフリャンカと同じである。パルカの裾はより広く、腋の下はより狭く、シャツに似た襟で、袖は細い。裾、襟、袖のまわりにはラッコの毛皮の縁飾りがつけられる。これらの文様は、北部カムチャダールでチストゥ Чйсту、南部カムチャダールでエガネム Еганём とよばれるが、縫い方はつぎの通りである。トナカイ皮を指一本半の幅に切り、これを三つに分ける。これを幅半ウェルショク〔一・六四センチ〕の格子文につくり、上の列をのぞいて、下の二列を多様な色彩の絹切れで文様をつくる。上の列は、格子の一つおきにトナカイの白いひげによる刺繍がほどこされる。この帯状飾りの上縁と下縁に赤と黒のアザラシ皮製の革紐が縫いつけられる。これはイヌののどの毛皮で装飾されている。その方法は、イヌののどの毛皮をぎざぎざに切り、染めた毛皮で縁どったものを縫いつけるのである。

絹製の飾りが刺繍されるようになったのはカムチャツカへのロシア人の出現以後のことで、それまではトナカイの毛、染めた毛皮、イヌののどの毛皮によって装飾された。

これらのワンピースは男女の区別なしに着用される。男女の衣服の相違は下着と履物だけである。女性は家の中でふつう、ズボンといっしょに縫いつけたちゃんちゃんこ(ドウシエグレイカ)を着る。ズボンは膝の下でしばられ、ちゃんちゃんこの方は襟もとを紐でしばるようになっている。このワンピースはホンバ Хонба とよばれる。これには夏用と冬用とがある。夏用のホンバはロヴドゥグ Ровдуг またはロヴドゥグと同じように海獣の毛皮を加工したものからつくられる。冬用のものはトナカイまたは野生羊の毛皮でつくられる。これは毛を表にすることも裏にすることもある。男子の家内用のワンピースは帯状のもので、前の方に小さなバッグを縫いつけ、後方には、臀部をかくすために、紐からなるふさが下げられるが、ときにはそれがいろいろな色彩のアザラシの毛皮で飾られることもある。カムチャダールは以前、家の中だけでなく、夏の猟に出かけるときにも、このような衣服を着た。しかし今ではロシア人の住地からはなれたカムチャダールの集落にみられるだけで、隣接地域の住民はロシア人から買い入れたシャツを着ている。

夏用のズボンは男女ともに同じような形で、いろいろな毛皮でつくられる。冬用の男子のズボンは、夏用と同じ裁断であるが、しかしいくらか広くて、(二重になった毛皮の)表の方は毛が(着る人の)体に向けられ、内側の毛皮はトナカイまたはオオカミのカマスィ(けものの脚の部分の毛皮で、短い毛が密生している)からなるが、これは毛が外側に向けられている。履物(はきもの)は、雪がズボンや履物に入らないように、紐でズボンにしばりつけられる。

男女の履物の相違は、男物の方が胴が短く、女物の方が長くて膝まで達する、というだけのことである。夏期、悪天候のときにはく履物はアザラシのなめし皮から、毛を上にしてつくるが、これはシベリアのコサックやタタール人が川船を岸づたいに引くときに用いる革わらじに似ている。

冬期、仕事に出かけるときの履物は、乾した魚皮、とりわけマスノスケ Чавыча の皮でつくられるが、これはきびしい寒さのときによいだけで、雨のときにはすぐに破れてしまう。冬用の履物に最もよく用いられるのはトナカイのカマスィで、毛を表にしてつくる。その踵はアザラシやセイウチの毛皮 Лахтака でつくられ、さらに保温のためにトナカイまたはクマのカマスィの切れ端が縫いつけられる。このような踵をつけると、あたたかいだけでなく、すべりやすいところでも、倒れる心配なしに歩くことができる。

カムチャダールおよびコサックの最もおしゃれな履物はトルバスィとよばれる。トルバスィの踵は白いアザラシ皮、面皮は赤いマンダルィ Мандары〔アザラシの皮〕、甲は白いライカ皮またはイヌののどの皮、胴はトナカイの柔い皮（ザムシ）または染めたアザラシ皮でつくられた。胴の上端には飾りがつけられた。もし独身者がトルバスィを持っていれば、恋人の存在は疑いないと考えられた。皮靴下（チュルキ）はイヌの皮でつくられ、チャジャとよばれる。しかししばしばトンシチ〔一九五ページ参照〕というものを足に巻きつける。彼らの話によると、これは保温がよいだけでなく、足が汗をかかないようにするという。

帽子はヤクートの場合と同じであるが、シュテラーによると、以前カムチャダールは鳥の羽根と毛皮で帽子をつくったが、それには頂部がなかった。それはむかしのロシアの耳被(おお)いつきの女性帽子によく似ていたが、カムチャダールの場合、帽子と耳被いがいっしょに縫いつけられることはなかった。夏期、カムチャダールはシラカバ樹皮の帽子をかぶり、後頭部でしばりつけた。クリル族は彼らの夏の帽子を草で冠形に編んでいる。

女性の最良のかぶりものは、すでにのべたかつらである。カムチャダールの女性はこのかぶりものをひどく愛用し、洗礼をうけてキリスト教徒になりたがらないのは、これと別れるのを恐れたためであった。つまり、かつらをかぶった女性が洗礼をうけるときにはそれをはずし、またその髪も編髪も短く切られた。それは持主にとってたいへんな悲しいことであった。娘たちはその髪を細いさげ髪に編み、つやを出すためにアザラシの脂をぬった。

しかし今ではすべては変わった。女性たちも娘たちもロシア風の髪形にし、ロシア風の長袖のブラウス（チェログレイ）とスカート、袖飾りのある上衣、まげ飾り（ココシュニキ）、頭巾（チェベツ）、金色のはち巻をつけている。むかしながらの衣服を着るのは、八〇歳の老婆と思われることをいとわない人だけである。

女性たちは、ミトン風の手袋をつけて一切の仕事をし、決してこれを手からはずさない。彼女らは以前は顔を洗わなかったが、今ではおしろいをぬったり、紅(べに)をつけたりしている。おしろいの代わりに腐った木を細かくつぶしたものを用い、海藻をアザラシの脂にひたして頬にぬって紅くしている。

なんぴとであれ、よその人が現れると、現地の美人たちは顔を洗い、おしろいをつけ、晴着のワンピースを着る。

もしもあるカムチャダールが自分自身または自分の家族に衣服を着せようと思えば、最もふつうのワンピースだけでも一〇〇ルーブルを必要とする。というのは、カムチャツカでは毛織物の長靴下さえも一ルーブル以下のものはない。他の品物の値段はおして知るべきである。その代わりクリル族は、カムチャダールとはちがって、どんな高価なワンピースをも買える可能性が多い。その理由はつぎの通り。一頭のラッコはカムチャツカで一五—四〇ルーブルで売られるが、これはカムチャダールのキツネ二〇頭分と同じ値段で、しかもクリル族にとって一頭のラッコを獲るのは、カムチャダールにとってのキツネの五頭分よりも容易だからである。最も毛皮獣の多い年でも、最も腕のよい猟師の獲れるキツネは一〇頭そこそこである。クリル族は不作の年でもラッコ三頭はくだらない。流氷にのせて多数のラッコが偶然に流れつく場合をのぞいての話である。

第八章　カムチャダールの飲食物

われわれのライ麦に比べられるカムチャダールの主食物はサケでつくられるユコラである。それぞれの魚は六部分に分解される。魚の両側面と尾はつながったまま一部分として乾燥される。これがユコラとよばれる。背と腹、あるいはカムチャダールの言うププキ Пупки は別にされる。頭の部分は軟骨が全部赤くなる前に穴を掘って醱酵させ、塩漬けの代わりに、うまいものの一つとして食べる。ただしその臭気はたまらないほどである。脇腹肉や腹肉をとったあと、骨について残る肉は別にしばって、これを乾かし、つきくだいて食べる。骨そのものも別に乾かし、イヌの飼料となる。他の諸民族にも同じ名で知られるユコラはこのようにつくられる。カムチャダール語ではザアル Заал とよばれる。

カムチャダールがそのつぎに好んで食べるものはイネトル Инетоль とよばれる魚卵(ロッシ)である。これはつぎの三つの方法でつくられる。はじめ束にして露天で乾かし、つぎにさまざまな草〔とりわけ甘い草〕の中空の茎の中に入れ、火のそばで乾かし、最後に植物の葉の中に入れて乾かす。カムチャダールは誰ひとりとして、家を出るときに最も栄養のある食物としての乾燥魚卵を持たないものはいない。もしカムチャダールに一フント〔約〇・四一キログラム〕ほどの魚卵があれば、他の食物がなくても長く生きることができる。彼は旅の途中、魚卵とともにシラカバやヤナギの樹皮を、他の食物と同じように、よく食べる。しかし魚卵または樹皮だけを長い間食べることはできない。というのは、魚卵はひどくねばねばして、歯にそれがねばりついて、これをきれいにすることは容易でないからである。樹皮はたいへん乾燥していて、カムチャダールがまれに面白半分に、魚卵なしで菓子のように食べるのを見るときは驚くほかはない。この二つを合わせて食べると、互いの欠点を補うのである。

魚卵加工の第四の方法は、カムチャダールだけでなく、コリヤークにも広まっている。この方法はつぎの通り。新鮮な魚卵を、木の葉を敷いた穴に入れ、草でおおった後土をかける。魚卵はそこで酸化する。この酸っぱくなった魚卵は、ロシア人にとって新鮮な粒の魚卵と同じ程度の美味とされている。コリヤークの場合、魚卵は穴の中ではなくて、皮袋の中で醗酵させられる。

カムチャダールの第三の食物はチュプリキ Чуприки とよばれ、数種の魚によってつぎのようにつくられる。ユルタ〔半地下小屋〕、バラガン、バラバルなどの建物の中に小丸太を格子状に組み、その上に魚を厚さ三アルシン〔一アルシンは〇・七一メートル〕以内に積み、出入口を密閉して風呂のように中を熱くする。魚があまり多くないときには、ユルタ内が冷えるまでには、魚はすでに仕上がる。魚が多いときには、それを混ぜながら、数度焚かねばならない。こうしてでき上がったばかりの燻製はたいへんおいしく、この方法はカムチャツカでも最良の一つである。肉はよくこすって、筵(むしろ)の上で乾燥させ、草で編んだかごの中に入れる。しかし細い魚はこすることなく、ふつうの乾魚と同じようにそのまま食べる。オホーツク付近のツングースもこの方法で魚を加工している。

カムチャダールの最も好む食物は、魚卵と同じように穴の中で醱酵させた酸っぱい魚である。彼らはそれをヘイグル Хэйгул とよぶ。確信をもって、この魚ほどいやな臭気を発するものはないと言えると思うが、カムチャダールにとっては、これは香ばしいにおいであるようにみえる。ときには、こうした穴の中で魚がひどく腐敗し、柄杓で汲み出す以外にとり出す方法はないほどである。しかしこうした魚は、エンバクの代わりにそれを汁にかきまぜてイヌにあたえる。

陸上や海中にすむ動物の肉の場合は、木をくりぬいた容器に草根、とりわけユリの球根を混ぜて煮る。こうして煮た汁は柄杓や皿に入れて飲み、肉は盆に入れて手づかみで食べる。すべての汁は、イヌ用のものも含めて、オパナ Опана とよばれる。クジラやアザラシの脂身は草根といっしょに煮て、長いすじのように切り、口にもっていって唇のところで必要な長さに切って食べる。カムチャダールはそれを、ミコアイサやカモメが魚をのみこむようにのみこむ。

宴会や祭日に出されるカムチャダールの最高のご馳走はセラガ Селага とよばれる（コサックはこれをトルクーシ Толкуши とよぶ）。これはいろいろな草根や草木の実を魚卵およびアザラシまたはクジラの脂、ときには煮た魚といっしょにすりつぶしたものである。酸っぱい木の実やユリの球根をまぜたトルクーシはたいへん滋養があって、またおいしい。なぜなら、酸っぱくて甘いからである。しかしつくり方はよくない。とくに水分の多い場合がそうである。女性は、よごれた容器の中に草根を入れ、一度も洗ったことのない手を肘まで入れてまぜるのであるが、その作業のあと、体の他の部分に比べて、雪のように白くなるのである。

飲物についてみると、カムチャダールはロシア人の出現までは、水のほかには、朗らかになるためにベニテングダケをまぜたものを知っているだけであった。ところが今では、カムチャツカのロシア人と同じように葡萄酒を飲み、全く酔ってしまう。昼食のあと、カムチャダールは大量の水を飲む。眠る前、カムチャダールは枕もとに、多くの氷や雪を入れた水桶をおく。朝になると、その桶に一滴の水でも残っていることはほとんどないのである。

冬は雪を好んで食べる。つかんでは口の中に入れる。未来の舅（しゅうと）のところで働く花婿候補には、夏期、最も困難な仕事があたえられる。すなわち、天候のよしあしを問わず、高い山に登って、未来の妻の父を満足させるために、雪をとってくるのである。それをしないと、花婿の要望が拒否されるかも知れないからである。

第九章　犬橇について

カムチャダールの犬は中背で、いろいろな毛色があり、ロシアのふつうの家犬と変わらない。しかし白、黒、灰色が最も多いということができる。

一台の犬橇のために四頭がつけられるが、うち二頭が曳き犬で、二頭は先頭を走る。四頭のイヌをナルタ Нарта とよぶが、これはロシアで六頭立ての馬をツゥグ Цуг とよぶようなものである。

カムチャダールによってシェジュヘド Шежхед とよばれる橇は、長さ約一一チェトウェルチ〔約二メートル〕の滑り木の上につくられる。この滑り木の上に高い脚柱をつけ、それに座席が固定されるが、それはあたかも細長くて深い盤台のようである。座席は棒を格子状に組み合わせて、革紐を巻いて固定したものである。

イヌの曳綱は幅広のやわらかい革帯でつくられ、右側のイヌは左側から、左側のイヌは右側からその肩胛骨にかけられる。梶棒の役割をする革帯は　ポベジニク Побежник とよばれる。首輪は幅広の革帯でつくられ、ときには装飾のためにクマの毛皮で、毛を上にしてつくられる。オシュタル Оштал とよばれる長さ一・五アルシンほどの曲がった棒は鞭の代用になり、また橇の制御、ブレーキ、停止のために用いられる。

イヌを速く走らせるために、この棒の端末に小さな太鼓または鈴がとりつけられる。橇を止めるときには、橇の先端支柱の前にこの棒をさしこみ、ブレーキをかける。イヌが左方へ曲がる必要があるときには、オシュタルで雪をたたきながら「ウガ」と叫ぶ。右方へ曲がりたいときには先端支柱をたたきながら「フナ、フナ、フナ」と叫ぶ。カムチャダールはオシュタルと橇をきれいにしようとして、色とりどりの革紐をそれに巻きつける。これはちょっとしたおしゃれと考えられている。

橇の上には脚を右側にさげて乗る。その上にまたいで乗るのは男にとって恥かしいとされる。というのは、女性はそのように乗るからである。また、男が馭者をつれて乗るのも同じように恥かしいことである。というのは、馭者をともなうのは女性だからである。

優秀なイヌを橇一台分〔四頭〕はカムチャツカで一五ルーブルで買うことができる。犬橇に必要な装具ともで約二〇ルーブル。私はカムチャツカで、橇一台分のイヌの値段が六〇ルーブルについた猟師を知っている。

犬橇に乗ることの難しさはその構造によっても知られる。乗るときには絶えずバランスを保つようにつとめねばならない。そうしないと、狭くて高い橇はわずかな曲がり角や凹地でもひっくり返り、イヌどもは主人ひとりを残して走り去る。荒野でひとり残ることの恐ろしさは言うまでもない。イヌは路上でなにかにひっかかるか、住居まで到着したときにやっと止まるのである。したがって、ひとりとり残された主人は歩いて帰るか、あるいはなにがなんでも犬橇にしがみついて、疲れ切ったイヌが停止するまで引きずられるかのどちらかである。

カムチャダールはこうした危険をさけるために、下り坂では一頭のイヌだけに引かせ、残りは橇からはずして手綱だけにするのである。そして橇が山からころがり落ちないように、滑り木の下に革紐を巻きつける。

また急な坂道を上るときには、イヌは空の橇をひくのも容易でないので、自分は降りて歩く。橇の荷物は一台あたり五プード〔一プードは一六・三八キログラム〕である。ただし乗り手が自分とイヌのために用意した糧秣は別にして――。積荷をした犬橇は、よく踏みならされた道で一日三〇ウェルスタあまり。春先、雪解けの後再び氷ったときに、骨製の滑り木の場合、一日一五〇ウェルスタ走ることができる。

深い雪のときには、予め道をつくることなしに犬橇をすすめてはならない。道をつくるのは馭者自らである。彼はイヌと橇を一時残したままスキーに乗って先へ進み、同じ道を引き返してきて犬橇をすすめる。それからまた犬橇を残して同じことを目的地まで繰返すのである。こうした条件のもとでは、一日にせいぜい一〇ウェルスタを走行できるだけである。遠出のとき、いかなる馭者もスキーなしに出ることは決してない。

犬橇に乗った人が荒野で吹雪に出会ったときには非常な不安におちいる〔以下、クラシェニンニコフはシュテラーの著作から借用している〕。そのときには、できるだけ早く森林の中に入り、ときには一週間もつづくことのある荒天のおさまるまで、イヌとともにそこで待つことになる。イヌは静かに横になっているが、飢えのときには橇についている革製品をみんな食ってしまう。数人が旅をしているとき荒天になれば、彼らは協力して仮小屋を立て、下の方に雪をかける。しかしカムチャダールは滅多にこんなことをせず、小枝を敷いた穴の中でじっとしているだけである。

クフリャンカに身をつつんだカムチャダールは穴の中で、手足も頭も見えないほど雪に埋まっている。彼らはその雪の下で体をよじるときには、彼らをおおう雪の層をこわさないようにそっと動く。雪の下では、彼らの半地下小屋におけると同様に、口の上だけが息のために雪が解けて空気の穴をつくっている。衣服が狭く、帯で結んでいる場合には、カムチャダールによれば、寒さは我慢できないほどである。というのは、衣服が汗のために湿って、あたたまることができないからである。

旅人がツンドラの中で荒天に出会ったときには、高くなった土塊をさがして、その下に身をよせる。そして雪に埋まり、窒息しないように一五分ごとに起き上って雪をはらわねばならない。しかし東風または南東風のときには、ふつう湿った雪が降るため、旅人はぬれて凍死することが多い。というのは、このような荒天はしばしば北風と寒さで終るからである。

冬の旅では、強風のほかに、多くの川が必ずしも全面的に氷結することなく、最も寒いときでも氷結しない部分を残していることも、危険の原因となっている。冬期の道は、川岸の方は障害物が多いため、川の氷上を利用している。そのため、これを走る旅人から死者の出ない年は稀である。この場合、氷が破れたり、橇が水中に落ちたりすれば、もはや救いはない。川の流れは速いためどうすることもできず、幸いにはい上ることができた場合でも、水にぬれた人は、近くに人家のないときには、ひどく苦しみながら死ぬのである。

ヤナギの茂みの中を走るときも、少なからぬ困難がともなう。そこでは目を失ったり、手足を折ったりする危険がある。イヌは困難な場所から主人を捨ててでも早く抜け出ようとして、全力をそそぐ。

犬橇旅行が最も愉快でしかも安全にできるのは、雪解け後の氷結のある三―四月である。しかしこの時期でも、二―三夜露天で野宿するときは楽でない。というのは、カムチャダールに焚火をおこさせ、食事を煮させることは至難だからである。彼らはイヌとともに、乾魚で満足するのである。

この場合、カムチャダールが悪条件のもとでもよく眠り、また生まれながらにして寒さに強いことは驚くほどである。寒さの中でも熟睡し、翌朝あたたかい寝床で眠ったように元気で起きる。この資質はこの地のすべての住民にあてはまる。私は、夕方眠るときには裸の背中を焚火の方に向け、夜中に焚火が消え、背中に霜がおりても、なお焚火にあたっているかのように同じ状態で眠りつづけたカムチャダールを何人か知っている。

第一〇章　カムチャツカの信仰における神、大地の創造および教理（ドグマト）について

カムチャダールはクトフー Кутху というものを神と考えている。これは同時に彼らの始祖であるとされている。天と天体を創ったのは誰であるか、彼らは知らない。ただしそれが大地よりも前にできたと、彼らは言っているけれども。大地の創造について、カムチャダールは二通りの説明をしている。第一の話は、以前天に住んでいたクトフーは自分の息子スィムスカリナ Сымскалина から大地を創った。この息子は彼の妻イルフム Ильхум が彼と海であそんでいたときに生んだものである。第二の話はつぎの通りである。クトフーはその妹のフトルィジチ Хутлыжичь とともに天から大地を移し、これを海中に沈めた。そして海は、今もその中に住んでいるウトレイギン Утлейгын を創った。大地と海の神についてのカムチャダールの観念はヤクートのそれと似ている。ヤクートは、そのほか、古代ギリシア人やローマ人と同じように地獄の神を認め、それを前二者の実の兄弟と考えている。

クトフーは大地を創った後、天を去ってカムチャツカに移った。ここで彼の息子ティジル・クトフー Тыжил-Кутху と娘のシドゥクー Сидуку が生まれた。この兄妹は成人して結婚した。クトフーとその妻および子どもたちは木の葉で縫われた衣服を着、シラカバとポプラの樹皮を食べた。とい

うのは、当時、けものはまだ創られておらず、カムチャダールの神々は魚を獲ることができなかったからである。

クトフーは自分の息子と娘をおいたまま、どこかへ去ってしまった。カムチャダールは、山々や谷々ができたのはクトフーの最後の旅のとき、彼のスキーの下で大地が薄氷のように曲がり、もとの平坦さを失ったからと考えている。

ティジル・クトフーからは息子のアムレヤ Амлея と娘のシドゥシャムシチ Сидушамшичь が生まれ、同じく成人して結婚した。クトフーの子孫の、その後の系譜はカムチャダールに知られていない。しかしそれでも、彼らは自分たちがクトフーの後裔であると断言している。

ティジル・クトフーは自分の一族が増え、その生活を確保のために、魚を獲るイラクサの網のつくり方を発明し、小舟のつくり方はクトフー自身から彼が教えられた。ティジル・クトフーは地上のすべてのけものをつくり、これを今も監視しているピリャチュチャ Пилячуче にその飼育を依頼した。そしてティジルは、これらのけものの毛皮からクフリャンカやパルカをつくりはじめた。

ピリャチュチャは背は高くなく、カムチャダールによって珍重されるアナグマの毛皮でつくった衣服を着ている。彼は鳥、とりわけライチョウに乗って移動し、彼の姿を見ることのできたものもいると言われている。

シュテラーによると、この地の住民は多くの神々をあがめている。しかし神の偉大さや全知についての観念は全くないという。それればかりか、彼らはクトフー以上のばか者を想像することができない。クトフーは絶えずカムチャダールの笑いものにされ、書くこともできないほどのあらゆる出たらめな話の張本人とされている。彼らはクトフーがこんなにも多くの山々や断崖、川の急流、雨や嵐をつくって、はかり知れない不幸の種をまいたことは罪だとしている。したがってカムチャダールは、冬、山に登るときも、降りるときも、機会あるごとにいつもクトフーのことをののしっている。

カムチャダールは神一般をドゥステフティチ Дустехтич とよび、アテナイ人が未知の神をあがめたようにあがめている。カムチャダールは広々としたツンドラに柱をたて、トンシチを巻きつけ、そのそばを通るとき魚その他の切れを投げる。彼らはそのそばで木の実を採らず、鳥やけものの猟をしない。彼らはこうすることによって自分たちの生命を守ると考えている。カムチャダールはシベリアの他の諸民族にならって、彼ら自身が食物として利用できるものは何一つ犠牲に供しなかった。ただなんの役にもたたないもの、例えば魚のひれとか尾とか、いずれにしても捨てるようなものを供物として献(ささ)げた。

シュテラーはこのような柱を二本、ニジネ・カムチャツク付近で見ている。私はカムチャツカ川の北方で、柱や木像はなかったけれども、そこに悪魔が住むということで、通行人がなにかの供物を献げている場所にいくつも出会ったことがある。

カムチャダールの考えによれば〔この部分、シュテラーからの借用〕、危険な場所、例えば火山その他のけわしい高山、温泉、森林などには、彼らが恐れ、神よりもはるかに熱心にあがめている悪魔が住んでいる。

山に住む神々のことを、カムチャダールはカムリ Камули とよぶが、これは大きくない霊の意である。これらの神々、またはカムチャダール語で敵どもは高い山、とりわけ煙を上げたり、噴火したりしている山に住む。だからカムチャダールは、それに登らないだけでなく、近づこうともしないのである。カムチャダールは、カムリが空を飛んで夜間海でつかまえた魚を食べる、と考えている。カムリはそれぞれの指に魚を一匹ずつもってきて、カムチャダール自身と同様にそれを煮たり焼いたりする。ただしカムリは薪の代わりにクジラの骨を用いる。カムチャダールはこうした場所を通るとき、なにかをカムリに贈物として投げるのである。

人間に似た森の神々はウタフチュ Утахчу とよばれる。その神々の妻たちは、背中にくっついて、絶えず泣いている赤んぼうをおぶっている。カムチャダールによれば、ウタフチュは人びとを道に迷わせ、愚かにしている。

海の神はミトグ Митг とよばれる。それは魚の形をして、海と魚をつかさどり、魚を川に送りこんでいる。しかしこれは人間の食糧の用意を助けるためではなく、彼が自分に必要なバティ〔カムチャダールが海で乗る小舟〕を作るために、木材をとりに行かせているのだという。カムチャダールは、彼らが神からなにかの恵みを受けられるとは信じていないのである。

ピリャチュチャは、シュテラーはビリュカイ Билюкай と称しているが、これについてカムチャダールはつぎのように語っている。すなわちビリュカイは多くのカムリにとりまかれて雲の上に住み、そこから地上に稲光や雷をつかわしている。またときには雲から山に降って、ライチョウの曳く橇に乗り、その橇の跡を見つける人に幸せをもたらす。しかしビリュカイの跡といわれるものは、実は吹雪のときできる雪の表面の波状のすじにすぎない。そして逆に、ビリュカイは恐れられてもいる。というのは、その従者が旋風の中にカムチャダールの子どもたちを運び去り、それを脂の入った灯明皿をおくための台の代わりに使うと言われているからである。

ガエチ Гаеч は人間が死後移っていく地下世界の神である。この神は以前この世に住んでいた。クトフーの息子のひとりは風をつかさどり、その妻サヴィナ Савина は朝焼と夕焼を支配している。トゥイラ Туила は地震の元兇とされている。トゥイラが地下で乗っているイヌのコゼイ Козей が自分の体から雪をはらい落すために地震が起るのである。

神々や悪魔どもについてのカムチャダールの観念はひどく無秩序で笑うべきであり、彼らの空想を知らないうちは、彼らがこれらの荒唐無稽を真実と考えるとはとうてい信ぜられない。しかし彼らは、あらゆる現象の原因を説明しようとつとめ、また魚や鳥の考えの中に入りこもうとする。しかしこの場合、彼らは、どこに真理があり、どこにそれがないか、あるいは彼らの考えるようにあり得るかどうかを判断することができず、すべてを真実として受け入れるのである。

カムチャダールの信仰の基礎は、彼らが法律以上に信奉する古来の伝承である。彼らは、これをくつがえすような事実を決して認めようとしない。カムチャダールは、神々が彼らの幸不幸の原因であることはできない、すべては人間のせいである、と考えている。彼らは、とりまく世界が永遠であり、不死の霊は復活して後に肉体と結ばれ、現在カムチャダールが働くように働きながら永遠に生きる、と考えている。ちがう点は、未来の生活においてはいかなる飢えもなく、すべてが豊かに満たされることである。

一切の生きものは、小さなハエに至るまで、死後復活して地下で生きることになる。カムチャダールは、世界が平面であり、その下に、この世界の天に似た第二の天があって、その天の下に第二の大地がある、と考えている。しかもわれわれの住む大地は、地下の天の裏側である。われわれのところで夏のとき、地下では冬がはじまり、地下で夏のとき、ここでは冬である。

未来の報復については、別の世界に移ったとき、貧しいものは豊かに、豊かなものは貧しくなると考えている。カムチャダールは、神が人間の罪にたいして処罰するとは考えていない。彼らが言うには、その必要がない、というのは、悪いことをした人は、この世ですでに報復を受けたからである。

カムチャダールによれば、彼らの伝承の起源はつぎの通り。クトフーの子孫であるガエチが他のいかなるカムチャダールよりも早く死に、地下世界に移って、彼の二人の娘が死んで彼のもとに移るまでそこでひとりで住んだ。彼は自分の子孫に教えようとしてこの世界に帰り、半地下小屋の屋根に上って、現在カムチャダールが信じていることをすべてについて語った。死者におびえたカムチャダールは、自らがまもなく死んだ。それ以後、人が死んだ小屋はそのまま残して（生きている人は別に建てて引越す）風習が広まった。そうすることによって、死者がガエチのように帰ってきても、もとの場所を見つけることができないようにするためである。

ガエチはすべての死んだカムチャダールを受け入れる。ガエチは、新しい上等な犬皮のクフリャンカを着て、よいイヌに乗ってきたものには、古い衣服とわるいイヌをあたえ、わるいクフリャンカを着てわるいイヌに乗ってきたものには、すべてよいものとよい住地をあたえる。死者は半地下小屋とバラガンをつくり、けもの、鳥、魚を獲り、死ぬまで地上でしたと同じように食べ、飲み、に豊かだからである。

愉快に暮す。ちがうところは、地上の生活のような心配事や不安がないことである。なぜなら、そこには吹雪や雨、雪が少なく、すべてが、かつてカムチャツカにクトフーが住んでいたときのように豊かだからである。

カムチャダールは、なんらかの形で、彼の望みや情熱を満たし得ることはすべて許されると考えている。そして罪なことと言えば、彼らの迷信にしたがって、事実上または想像上の死をもたらすことである。こうして彼らは、殺人も自殺も、夫婦間の貞操の裏切りも、侮辱を加えることも、要するに神の掟（おきて）によって禁ぜられる一切のことを、罪とは考えない。反対に、カムチャダールは溺れる者の救助を死にあたいする罪と考えている。助ける者自身が死ぬことになる。また彼らは、雪崩れの下からたまたま助かった人を自分の半地下小屋に迎え入れることをひどい罪と考えている。雪崩れから逃れた人は、まず自分の持参している携帯食をみな食べ、自分のけがれた衣服を脱ぎ捨て、まず自分自身の小屋に入った後でなければ、他人の住居に入ることができない。温泉の水を飲んだり、そこで体を洗ったり、火山に登ったりすることは身を滅ぼすことであり、罪なことである。またカムチャダールは、酸っぱい魚のことで争ったり、ナイフで長靴の雪を落したり、いろいろなけものや魚の肉を同じ容器で煮たり、ナイフや斧をどこかへ行く途中で研いだりすることを罪と考えている。禁を破った人は死ぬか、それともなにかの病気になると考えられている。

以上の神々のほか、カムチャダールは火をあがめ、また彼らにとって危険なさまざまな動物をあがめる。彼らは火に供物を献げ、彼らの小舟をてんぷくさせたクジラやサメに呪文をとなえる。クマやオオカミは決してそういう名称で呼ばず、ただシパング Сипанг（わざわい）と呼ぶ。この点、わがシベリアの猟師たちが、猟のとき、自分になにかの損害や失敗をもたらすことを恐れて、多くのものをその名称で呼ばないことを想起させる。

私がカムチャツカに滞在した頃のカムチャダールは以上のような状態にあった。しかし、一七四一年宗務院によって伝道司祭が派遣されて以後の今では、すべてのカムチャダールと北部コリヤークの多くが、キリスト教を受け入れただけでなく、カムチャツカの各地に設立された学校で学びたがるようになった。カムチャダールは、なんらの強制なしに自分の子どもを学校にやり、一部の人は自費で子弟を教育しているのである。

第一一章　カムチャツカのシャマン

カムチャダールは、他の諸民族の場合とはちがって、固定的なシャマンをもっていない。女性(バーバ)は誰でも、とくに老婆およびすべてのコエクチュチェイは夢占い師であり、その解説者であるとされている。カムチャダールがシャマンの行為をするときには、ヤクート、コリヤーク、ツングース、ブリヤトその他のシベリア諸民族の場合とはちがって、太鼓をならさず、またそのためにとくにつくられた衣服を着用しないで、甘草、トンシチに向かって呪い(まじない)をし、これによって病気をなおし、不幸を除き、未来を予言する。しかし彼らが呪いのときなにを語り、あるいはなにものに助けを求めるのか、私は知ることができなかった。これらすべては秘中の秘とされているからである。

カムチャツカではつぎのようにシャマンの行為が行なわれる。二人の女性が隅の方に坐って、絶えずなにか呪文をしゃべっている。そのひとりは足に赤いイラクサの糸を巻きつけ、足を揺すっている。彼女にとって、足を持ち上げるのが困難でなければ、これは計画している事がらのよき結末を予言する吉兆であるとされる。反対に足をもち上げるのがやっとであれば、それは悪い前兆であるとされる。女性は歯ぎしりしながら「グシ、クシ」という。この言葉をもって悪魔を自らに呼びよせる。幻影が現れると、彼女は声を出して笑い、そして「ハイ、ハイ」と叫ぶ。半時間ほどして、悪魔は出ていくが、占い女は絶え間なく「イシュキ」、つまり「いない」と叫ぶ。前者の助手であるもうひとりの女性は、その仲間にたいして、恐れることのないように、一切の現象をよくおぼえ、占ったことを忘れないように、話してきかせる。一部の人の話では、雷や稲光のときビリュカイがシャマンの女性に下り、彼女の中に住みこんで、占いを助けるのだという。

ある人に災いが起こるとか、狩や漁がうまくいかなかったときには、彼は直ちに老婆または自分の妻のもとにおもむく。シャマンの行事が行なわれ、その間に災いの原因が明らかにされ、それを正す方法がすすめられる。起こったことの主な原因は、なにか迷信的な慣習を守らなかったことに帰せられる。侵犯者は小偶像をつくって、山に持って行って樹上におくことによって罪がつぐなわれる。

カムチャダールは、罪の浄められる祭りのときにもシャマンの行事を行なう。トンシチに向かって呪言をささやき、その煙を吸い、それを振り、ぬぐい、そして失神者の意識をとりもどす。

台風または不幸のときに子どもが生まれれば、その子が話しはじめるときを待って、大あらしのとき子どものためにシャマンの行事を行なう。これによってその子と悪魔との和解がなされる。このとき幼児は裸にされ、手に貝殻があたえられる。幼児はこれを上にもち上げて、半地下小屋、バラガン、犬小屋のまわりを走らねばならない。つぎのような言葉でビリュカイその他の悪魔に呪(まじな)いをかける。「貝殻は真水(まみず)でなしに塩水に慣れている。それなのに、あなたは私に水をそそぎかける、そのため私は死ぬかも知れない。私には着物もなく、こんなにふるえているのが見えませんか」これらのことがすべて終れば、その子どもは悪魔と和解したと考えられる。そうしないと、彼は荒天の原因となる。

このような方法で、彼らは自分たちの夢をも占おうとする。カムチャダールは極めて好奇心に富み、朝目をさますとまず夢の内容を話し、互いに話し合い、それが幸せと不幸せのいずれの前兆であるかについて結論を出す。若干の夢については、彼らの一定の説明ができている。例えば、夢の中でシラミを見れば、翌日コサックがやってくることになる。

カムチャダールにおいては、シャマニズムのほかに手相見も行なわれている。つまり手の線によって幸せな、あるいは不幸せな出来事を占うが、これは秘密にされる。誰かの手に点、斑点が現われたり、あるいは逆に消えたりすると、その意味についてシャマンの老婆にきくのである。シュテラーは、そのシャマンはそのとき、眠ったふりをしていたことを指摘している。

第一二章　カムチャダールの宴会と娯楽

カムチャダールは婚礼または豊漁〔猟〕のとき、とくにしばしば宴会をする。そのとき一つのオストログ〔集落〕は自分たちの隣人たちをご馳走し、大食、ダンス、歌などで時間を過ごす。このような場合、主人たちは来客にオパンガを大量に飲ませ、そのため客たちは何度も吐き出すのである。

カムチャダールは、ときにはウォッカの代わりにムホモル Мухомор（ベニテングダケ）を用いる。これは、ロシアでハエを駆除するのに用いるキノコである。これをヤナギランの汁にひたし、この汁を飲むか、あるいは筒のようにまるくひっくりかえっている乾したキノコをまるまる飲みこむ。カムチャダールでは、とくに後者の方法が広まっている。

ムホモルで酔った人を容易に見分けるための目じるしは、一時間後に訪れる手足のひきつけ、ときにはそれを飲んだ人がまもなく、熱病のようにうわ言をいうことである。このとき彼らには、そのテンペラメントに応じてさまざまな幻影が現われる。それは恐ろしいものであったり、逆に愉快なものであったりする。そのため、あるものははねたり踊ったりし、他のものは恐怖にとらわれて泣く。またあるものにとっては、狭いすき間が大きな扉に見え、さじ一ぱいの水が海に見える。これらのことは、ムホモルを大量に飲んだり食ったりすることから起こるのであって、少量の場合には軽快、大胆、元気になる。これは伝えきくところの、アヘンを飲んだトルコ人に似ている。

ムホモルを食べた人たちは一致して、これによって起こる狂気じみた行為はすべて、そのときムホモルが目に見えない形で人間に命令するからだと断言しているのは、興味深いことである。彼らの行動は危険極まりなく、まわりの人が彼を監視しなければ、生き残るものは稀にちがいない。私はここでカムチャダールの悪戯（いたずら）について語るつもりはない。というのは、私自身はなにも見ていないし、彼らは話したがらないからである。ムホモルを食べたコサックについて言えば、自分が見たこと、または信頼できる人からきいたことを語ろうと思う。

カムチャツカで警察の仕事を担当したメルリン中佐の従者の場合は、ムホモルから首を吊れと命令され、仲間に助けられなかったら、すんでのことに実際に首を吊るところであった。

当地の別の人には地獄と、彼が落ちこむべき恐るべき火の深淵が幻想的に現われた。彼はムホモルの命令によって跪（ひざまず）き、彼の思い出す限りの罪を告白しはじめた。この男の仲間たちは、告白のとき同じ毛皮税集積所の一室におり、みんながたいへん興味深くこれをきいたという話である。本人にとっては、神の前で秘密の中で告白しているように思われた。それ以後彼は、告解のとき、他人に知られたくないことをきかれたため、仲間から笑われることがよくあったという。

またあるコサックの場合には、遠路の旅に出る前に少量のムホモルを食べたため、疲れを知らずにかなりの距離を踏破したという。

私のところで通訳をしていたボリシェレツクのコサックは、よく知らないままムホモルに酔い、ムホモルの命令で、もう少しで自分の腹にナイフを突きたてるところであった。手を上げて、まさに突きたてようとするところを、仲間によって助けられた。

カムチャダールや定着コリヤークは、誰かを殺そうとするときにはムホモルを食べる。定着コリヤークの場合、ムホモルはたいへん珍重され、これに酔った人の放尿を地面にではなく、容器に受ける。そしてこの尿を飲むと、ムホモルを食った人と同じような状態になる。コリヤークの住地ではムホモルが生えないからで、彼らはこれをカムチャダールから買入れている。ムホモルの適量はキノコ四個であるが、とくに酔いたいものは一〇個も食べるのである。

女性は大食せず、またムホモルを使用しない。したがって彼女たちの気晴しは、おしゃべり、歌、踊りである。

私の見た踊りはつぎのようなものであった。すなわち踊ろうとする二人の女性が小屋中央の床に筵を敷いた。それから二人は向き合って跪き、手にトンシチの束をもって、静かに調子をとって歌いながら、肩を動かしたり、手を振ったりした。しかしやがて、動きは早くなり、歌声は大きくなって、ついには疲れ切り、声も出なくなった。私にとっては、これらすべては奇妙で、また粗野、不快に思われたが、カムチャダールは大きな満足をもってながめていた。

別の種類の踊りについて、シュテラーの記述によって紹介しよう。彼はこれをたいへん精細に記述し、歌の一つについては楽譜に採録している。

シュテラーによれば、彼の観察した踊りの一つはロパートカ岬のクリル人および海獣猟に皮舟(バイダル)を使用するカムチャダールの間に広まっている。この踊りは、南の島々に住む遠方のクリル人から借用したもので、航海者（モレホード）たちの踊りと考えられている。踊りに加わる一〇人の男女は晴着を着て、（左右の）足を交互に上げて調子をとりながら静かに輪をつくってまわる。この場合、踊り手の半分が最後の言葉を言うと、別の半分は最初の言葉を言う。これは誰かが詩を詩脚（ストパー）によって誦するようなものである。このとき踊り手によって発せられる言葉は漁（猟）との関連を持っている。彼らはこれを歌うのではなく、格別の表情なしで、さまざまな声で語るのである。例えば「ティプサインクー　フラワンタグ　トケアニ　ティフロルパ　Типсаинку Фравантаг Ткеани Тифорпа」である（この意味は、皮舟で岸を離れ、岸にできるだけ近く射て）。

カムチャダールの踊りも変わっているが、その最中に発せられる叫び声にはもっと驚かされる。しかし彼らは、それによって多くの満足を得る。彼らは踊りをはじめたら、息苦しくなって力を失うまでそれをつづける。誰よりも長く踊りつづけた人はたいへんな栄誉である。ときにはカムチャダールは一二―一五時間、夕方から朝まで踊り続ける。しかも踊りに加わらないような人は小屋にひとりも残っていないのである。よぼよぼになった老人でさえも、その力を惜しまない。

女性たちには、女性だけの特別の踊りがある。互いに向き合って二列に並び、女性たちは腹に手をおき、爪先立ってその場から動かず、肩をゆする。このとき手は動かさない。

第三の踊りの形は、あるときまで静かに踊っていた男たちの中から、突然ひとりがとび出し、手や胸、尻を打ち、両手を上にあげ、はげしく体を動かす。これにつづいて第二、第三、第四の人がとび出し、最初の人がしたと同じことをし、さらにくるくると体を回転させる。

それから、参加者がカエルのように跳ね、手を打ち、奇妙な形になる踊りも知られている。この踊りはひとりがはじめ、しばらくしてから別の人が隅の方から加わって跳ねる。

カムチャダールにはさらに、古来の、彼ら自身のものと思われる踊りがある。これは南部カムチャダールではハユテリャ Хаютеля、北部カムチャダールではクゼルキンガ Кузелькинга とよばれている。主要な踊りには娘や女性たちが加わる。彼女たちは円をつくって坐り、その中でひとりだけが立ち、歌をうたい、中指にトンシチを巻きつけた手を振る。彼女は手足を軽く動かし、見ていても気持がよい。この場合、さまざまなけものや鳥の声をまねて叫ぶが、一つの音に、直ちに三つの異なった声が一度にきこえるほど上手である。彼らには輪舞もあるが、シュテラーも私もこれを見ることはできなかった。

カムチャダールの歌は心地よい印象をあたえる。それには、すこしも粗野なものはない。この歌はメルリン中佐、パウルツキー少佐、学生クラシェニンニコフについてカムチャダールがつくったものである。その内容には特別の意図があるわけではなく、ただ彼らにとっておかしかったり、驚きであったりすることを単純に理解したものである。

愛の歌では、彼らは自分たちの愛する人について、悲しみと希望について語る。多くの場合、歌をつくるのはきれいで心地よい声をもつ娘や女性たちである。このことから、この民族がすぐれた音楽的能力をもっていることが知られる。しかしカムチャダールが笛以外いかなる楽器も発明しなかったことは驚くにあたいする。しかも彼らは、その笛に自分たちの歌をのせることができない。

アアンギチ аангичь とよばれる歌は、同じ名前のウミカモの声をまねてつくられたものである。そこでは、自分の妻と霊を失ったカムチャダールについて、悲哀のために彼は森へ去り、樹皮を食べ、朝早く起きて、カモのアアンギチを海へ追い出し、どこかに自分にとって愛すべき人はいないか見させるのである。

カムチャダールの気晴しの中で少なからぬ位置を占めるのは、他の歩き方やしゃべり方などの真似である。誰かがカムチャツカに現われると、新来者に彼らの言葉で新しい名をあたえ、彼の行動を逐一観察して、やがてなにかの楽しい行事のとき、極めて正確にその真似をして見せる。その場合、タバコを吸ったり、おとぎ話をしたりすることも忘れない。カムチャダールにも道化がいる。道化は集まっている人の前で、それについて書くことも不愉快かつ不適当なほどいやらしい悪ふざけをして見せるのである。

第一三章　カムチャダールの私生活における友人関係と客のもてなし

あるカムチャダールが他の人と親しくなりたいと思えば、未来の友人を招き、小屋をあたたかくし、一〇人分にもなるほどのご馳走を用意する。

客が小屋にやってくると、客も主人も裸になる。主人は小屋を閉ざし、客のために大皿にいっぱいの汁を出す。すると客はそれを飲むかすするかする。主人はたまらないほど熱くするために、炉の中にある灼熱した石に水をかける。客は主人が用意した食物を残らず食べようとつとめ、熱さを我慢しようとする。しかし主人は、客がご馳走と熱さに堪えられなくなり、許してほしいと懇願させようとする。そうしないと、主人が無礼でけちであると非難されることになる。この場合、主人はなにも食べず、小屋から出て行くこともできる。客は、彼が降参したことを認めるまで小屋から出られない。食事の間、客は吐き出すこと一〇回に達する。そのため、彼はご馳走になった後三日間くらいは食べられないだけでなく、嫌悪感なしに食物を見ることもできないほどである。

客が力と我慢の限界に達し、熱さに堪えられず、ご馳走をことわるときには、イヌ、衣服その他主人の目につく自分の持物と交換に許してもらうのである。このようにして彼は自由を得る。彼は自分のよい衣服の代わりに古着を、よいイヌの代わりに全く役にたたないイヌを主人からもらうのである。しかし双方が同じように行動すれば、一切は侮辱とは考えられず、友人関係が確立したしるしとして評価される。主人がこのようにして友人から物をとりあげ、自分は友人のもとに客としておもむかないときには、友人は主人を再度訪れることができる権利があるが、今度はご馳走になるためではなく、主人からとりあげられた品物の代わりの物を受けとるためである。慣習として、客は主人にたいして自分の来訪の目的を知らせないが、しかし主人はそれを知り、可能な品物を客に返す。贈るべきものがなにもないときには、客はそこで一夜を過ごし、主人の小屋の上に犬橇をおき、それに乗って、なにかをよこすまでオシュタル〔制御棒〕で屋根の土をつつくのである。それでも返せるものがなかったり、あるいは吝嗇（りんしょく）のために返したがらなかったりしたときには、客は大きな不満をもって自分の家に帰り、はげしい敵となる。しかしこうしたことは稀である。なぜなら、友を怒らせることはたいへん不名誉なことで、誰もそういう人とは親しくなろうとしないからである。贈物に対してお返しを要求することも、同じく不名誉なこととされている。

宴会のときにも同じような方法で来客にご馳走する。しかしこのときは熱さでへとへとにすることも、贈物を要求することもない。主人がアザラシの脂でご馳走するときには、その脂を細長く切って、片手にナイフ、別の手に脂を持って客の前に跪く。そして心の中で「タ」（ほらという意）という気持で脂を客の口にさしこみ、客が口でくわえられる程度の分量をナイフで切りとるのである。欲しくてたまらない、よい品物は、上記の方法でしか入手できない。というのは、客がその持物を主人から要求された場合、恥かしくてことわれないからである。

一例として、ヤクート出身のニジネ・カムチャツクのコサック（最近洗礼を受けた）の話を紹介しよう。彼はカムチャツカの風習に従って、カムチャダールの友人をもっていた。あるときコサックは、その友人が異常にきれいなキツネを獲ったことを知り、なんとかしてその毛皮を手に入れたいと思った。しかしカムチャダールはどんな品物との交換にも応じなかった。コサックはほかに手段がないことをさとり、カムチャツカ流で行動することにした。すなわち、友人を客として招き、むし風呂を熱くし、その上段に客を坐らせ、魚をふんだんに用意してご馳走した。そしてはじめは焼石に水をかけなかった。カムチャダールは、熱さが不十分だと言って不満を示した。そこでコサックは焼石に水をかけて熱くした。たまらないほど熱くなった。コサックは主人の権利を利用してむし風呂から出て、脱衣室に入った。そしてときどき入っては水を加え、とうとうカムチャダールに音をあげさせ、彼のキツネをよこす約束をとりつけた。

カムチャダールにとって、こうしたもてなしがどれほど快適なものかは知らないが、しかし彼があれほどの熱さはいまだかつて経験したことがなく、コサックがあんなにも客を歓待するとは知らなかった、と誓うように言っていた。だから彼は、キツネ皮をまき上げられたことを損失とは考えず、逆に仲間たちの前で、コサックの友情をほめ、カムチャダールはロシア人に比べて客のもてなし方を知らない、などと話した。これらのことは、そのコサック自身および私のくる直前にこの出来事のあったニジネ・シャンタルスキー・オストログの役人たちから私がきいたものである。コサックが私にこの話をすると、その仲間たちは、その通りだったことを認めたのである。

第一四章　媒妁と婚礼について

　カムチャダールの男子が花嫁を見つけ（必ず自分のオストログではなく、他の集落において）、彼女と結婚したいと思えば、彼は花嫁の生まれたオストログへ移住する。彼は花嫁の両親のもとに現われ、自分の意図を話し、やがて自らの勇敢と敏捷を示しながら働く。彼はみんなに下僕のように仕えるが、とくに未来の舅、姑、花嫁のために働き、その後花嫁をつれ去る許可を求める。彼の行動が花嫁の両親や同族、さらには彼女自身の気に入れば、彼はこれにたいして許しを得るし、反対の場合には、彼の奉仕はまるまる無駄になるか、あるいはなんらかの報酬とともにていよく追い出される。

　花婿が花嫁をつれ出す許可を得れば、彼は少数の人々とともに彼女を襲う機会を待つことになる。なぜならば、彼女はそのときオストログの全女性に守られているからである。それだけでなく、花嫁をとらえるときには、彼女は二枚または三枚のホンバを着こみ、漁網や紐を体に巻きつけて、身動きもできないようになっている。

　花婿は、花嫁のそばに人が少ないときをねらって、すばやく彼女からホンバや網をはぎとり、体の部分にじかにふれようとする。この接触が、カムチャダールでは、婚礼と考えられている。すると、花嫁自身もそのまわりの女性たちも大きな叫びをあげる。ただし花嫁自身はこの場合抵抗せず、また実際抵抗することもできないのであるが、守護の女性たちは花婿を仮借なく打ち、髪をひっぱり、顔をひっかきなどして、彼が花嫁をつかまえることができないように、あらゆる手段をとる。花婿が幸せにも自分の意図を実現できたときには、彼は花嫁からはなれる。すると彼女は彼の勝利を認めて、やさしく訴えるような声で「ニ、ニ」と言う。以上がカムチャダールの婚礼である。しかし多くの場合、花婿は自分の目的を一度で達成することができない。彼は花嫁をつかまえる試みを何度もくり返し、ときには一年、あるいはそれ以上つづくこともある。それぞれの試みの後、花婿はしばらくの間力をたくわえ、傷を癒すことになる。七年にわたる試みの後、女性たちによってバラガンから投げ落とされ、花嫁を得る代わりに不具者になった花婿の例もある。

花嫁をつかまえた者は、つぎの夜、晴れて彼女のそばに寄り、翌日はなんの儀礼もなしに自分のオストログへつれて行く。しかし彼は、しばらくしてから、結婚を祝うために花嫁の両親のもとにやってくる。このときの儀礼については、一七三九年私はラトゥガ川岸のカムチャダールのオストログで見ることができた。

若い夫は自分の親族および妻をつれて、三そうの小舟で妻の父のもとに向かった。小舟には花嫁のほかにも女性たちがおり、乾魚、アザラシやクジラの脂、ユリの球根など大量の食物を積んでいた。男たちは、花婿を含めて、みな裸で、棹を使って小舟をすすめていた。

目的のオストログの手前一〇〇サージェン〔一サージェンは二・一三四メートル〕ほどのところでみな岸に上り、歌をうたい、シャマンの儀式を行ない、トンシチを木枝にかけ、乾いた魚の頭に向かってなにか呪いの言葉を話しかけた。この魚の頭はやがてトンシチにくるみ、彼らとともにいる老婆に手渡された。
シャマンの行事をした後、花嫁のワンピースの上からホンバを着せ、さらにその上から四枚のクフリャンカをかける。彼女は人形のように手を出して、やっと動くことができるほどである。それから彼らは再び小舟に乗ってオストログに着き、岸に上る。小舟の着岸した場所から小屋まで、花嫁は彼女を迎えに送られた少年に手をひかれて歩き、あとの女性たちは彼女の後につづいた。

小屋に着くと、花嫁は縄に縛られて煙り出し穴から小屋におろされた。しかし彼女よりも前に、岸辺で乾した魚の頭をあたえられた老婆が小屋の中に入っていた。老婆はその魚の頭を梯子の前におくと、行列に加わったすべての男女は、新婚夫婦も含めて、その魚の頭を踏みつけた。そして最後に、老婆はそれを炉の中に用意された薪の間において踏みつけた。

来客たちはそれぞれの場所に坐って、花嫁からクフリャンカを脱がせた。一方花婿の方は炉の火を燃やし、持参の食物を料理してオストログの住民にご馳走した。翌日は主人が、カムチャダールにふつうの豊かな食物を用意して来客たちにご馳走した。三日目、客たちは帰っていくが、若夫婦は残って、ある期間、花嫁の実家で働いた。

花嫁から脱がされたクフリャンカは親族に分けられるが、彼らはそのお返しをしなければならない。なにもお返しのできないものは、その贈物を辞退しなければならない。

以上のべたことはすべて、最初の結婚だけにあてはまる。やもめをめとるときには、媒妁(ばいしゃく)も婚礼も、なんの儀礼もなしで、ただ話し合いをするだけである。

カムチャダールでは母親や娘との結婚は禁ぜられている。継子と継母、継父と継娘、従兄弟と従姉妹との結婚は許される。

カムチャダールはなんの儀礼もなしで妻と離別する。離婚のすべては、夫が妻と寝ないことにつきるのである。この場合、夫は再婚し、妻は別の男と、つかまえる儀礼なしでいっしょになる。

カムチャダールは二人の妻、ときには三人の妻をもち、同じ小屋に住んだり、別の場所にあるいくつかの小屋に住んだりする。カムチャダールの男はその妻たちと交替交替で住む。彼はそれぞれの妻たちを上記の方法でめとるのである。

カムチャダールは、女好きであるが、しかしコリヤーク人ほど嫉妬深くない。婿が妻の母にたいし、彼の妻が処女であると言って責める、というような話をするものがあるが、しかし私はこの話の真実性を確認することができない。カムチャダールの女性たちも嫉妬深いとは言えない。このことはひとりの男の二人ないし三人の妻が互いに合意のもとに住んでいるだけでなく、コエクチュチェイさえも我慢していることからも知られる。一部のカムチャダールの男は、コエクチュチェイを自らの妾（しょう）としてかこっているのである。

女性はクフリャンカについている頭巾で顔をかくして歩く。彼女がすれちがうこともできない場所で男性に出会えば、自分の顔を見せたくないために横を向き、男が通りすぎるまでそこで立っている。小屋の中では、彼女たちはイラクサで編んだすだれをへだてて坐る。中にすだれのない小屋では、別の男が現われると、女は顔を隅の方に向けて自分の仕事をつづける。しかしこれらすべては、自分たちの古い慣習を残しているカムチャダール女性に関することであり、そうでない女性はそれほど恥ずかしがらない。彼女たちはすべて粗野で乱暴な調子で、まるで憎しみでもあるかのように話すのである。

第一五章　出産と育児について

カムチャダールの出産数はあまり多くない。少なくとも私は、ひとりの妻から一〇人の子どもが生まれた話をきいたことがない。

カムチャダールの女性は、異常の場合をのぞいては、楽に出産するという話である。シュテラーの報告によると、ひとりのカムチャダール女性は子どもを生むという目的ではなしに外出して、一五分ほどしてから赤んぼうを抱いて小屋に帰ってきたという。表情になんの変化もなしで赤んぼうを抱いて小屋に帰ってきたという。またシュテラーは書いている。三日間の苦しみの後、産婦は赤んぼうを生んだが、驚いたことにお尻の方から生まれたという。こうした出産の原因について、女性シャマンは父親のせいであるという。すなわちその女性は赤んぼうの生まれるべき時間に、橇をつくり、膝で木を弓形に曲げていたからだという。

カムチャダールの女性は跪いて、年齢や性のいかんを問わず部落じゅうの人びとが見ている前で出産する。新生児はトンシチでぬぐい、臍（へそ）の緒はイラクサの糸で巻き、石のナイフで切ってイヌに投げあたえる。臍（へそ）には噛みこなしたヤナギラン〔ロシア語で Кипрей〕を巻きつけ、赤んぼうには、おしめの代わりにトンシチでくるむ。それから住民たちはひとり残らず新生児をかわいがり、手にとり、キスをし、抱き、両親に喜びをいう。これ以外にいかなる儀礼も行なわれない。出産のときには、カムチャダールでは産婆もいるが、しかし彼女たちはこれに専門的に従事しているわけではない。母親のいる女性の場合には、その母親が彼女にとって産婆になるのである。

子どもを欲する女性はクモを食べる。また一部の女性はできるだけ早く再度妊娠するために臍の緒をヤナギランといっしょに食べる。しかし、さまざまな毒や恐ろしい手段をもって、子どもを堕ろすものも多い。胎内で赤んぼうを圧しつぶしたり、この種の悪事にたけた老婆の助けをかりて赤んぼうの手足を折ったりする。この結果死児が生まれ、産婦自身もしばしば死ぬのである。

こうしたメディ〔古代ギリシアの金羊皮の神話の主人公、彼女を裏切った夫に復讐するため、二人のわが子を殺した〕は、胎内で赤んぼうを殺さなくても、新生児を殺したり、それをイヌに投げあたえたりする。一部の女性は子どもを生まないために、クタフトゥ Кутахту とよばれる草の浸液を飲んだり、さまざまな呪いに頼る。ときには、こうした非人間的な行為の原因は彼らの迷信であることもある。双生児が生まれれば、そのひとりは死なねばならぬ。ひどい悪天候に生まれた赤んぼうも同じである。いずれの場合も不幸と考えられている。しかし後者の場合には、その不幸はシャマンによって回避されると考えられている。

カムチャダールの女性は産後力をつけるためにオパナ、すなわちガレとよばれる植物の葉といっしょに煮られた魚の汁を食べる。しかし数日後は再びユコラ食に移行し、ふつうの仕事をするようになる。

新生児は父親から名をつけられる。父親は、自分の故人となった親族の名でその子を呼ぶ。

カムチャダールには揺籃がある。しかしそれは揺らすためではない。彼らはその子どもを揺らさない。彼らの揺籃は寝台の代わりで、板をたらいのようにくりぬいて、前の方に小便の流れるように樋をつけたものである。子どもが泣くと、母親は自分の背中のクフリャンカにくるみ、赤んぼうが眠りつくまであやす。また子どもをそのように背中におぶって仕事をしたり、外出をしたりする。彼らは赤んぼうにおしめをしないで、夜間はいっしょに眠る。カムチャダールの女性は眠たがり、慎重とは言えないが、しかし彼女たちが就寝中に子どもを窒息させたという話をきかない。

母親は子どもに自分の乳を三―四歳まであたえる。二歳になると、彼女たちは子どもに這わせ、ユコラや魚卵、シラカバやヤナギの樹皮をあたえて遊ばせる。しかし一番よくあたえるのは甘草である。子どもがイヌのたらいに這っていって、イヌのオパナの残りを飲むことは稀ではない。子どもが小屋の梯子をのぼるようになると、両親にとって楽しい時期がやってくる。彼らは子どもの様子を見て笑ったり、朗らかに話し合ったりする。

子どもたちの衣服はサモエド族のものに似ている。すなわち足から着るようになっており、毛皮長靴(トルパスイ)、皮の長靴下、帽子、毛皮外套(シューバ)が一つに縫われている。後方に割目とたれがついている。

子どもの教育について言えば、シュテラーの記述によれば、子どもにたいする両親の愛情はたいへん大きく、それは両親、とくに年老いてよぼよぼになった両親にたいする子どもの侮辱と同じくらいである。子どもは両親に悪口を言い、なにも言うことをきかず、両親の方を見ようともしないことさえある。したがって両親は子どもに悪口を言ったり、罰したり、なにかを禁じたりすることはできない。両親が長期間子どもに会わなかった後、会ったときには、心から喜んで子どもを抱いたりするが、子どもの方はすべて逆の態度をとる。子どもは自分の両親になにかを頼むことをせず、自分がとりたいものをとる。子どもたちが結婚しようと思えば、両親と相談しないだけでなく、これについて、両親にそれらしい素振りさえ見せない。娘にたいする親の権力は、花婿〔候補〕がその娘を手に入れる自信がある場合、娘をつかまえることを許すまでである。

長男の権利はカムチャダールにも見られる。長男は父親の死後全財産を受けとるが、他のものにはなにもあたえられない。ただし遺産とは言っても、ふつう一組の衣服、斧、ナイフ、たらい、橇、イヌからなっている。この場合、衣服はつねに死者に属する。なぜなら、死者の衣服を着れば、その本人が死ぬという迷信があるためである。この迷信は今も消えていない。

第一六章　死者の埋葬について

カムチャダールにおける死者の埋葬（死体をイヌに食わせるために投棄することを埋葬というならば）は、シベリアの他の諸民族の儀礼とは全く似ていない。

他の諸民族の場合、特別の儀礼の後死者を焼いたり、地下に埋めるが、カムチャダールは逆に、紐を死者の首に巻きつけ、小屋から引き出して、その場でイヌの食うのにまかせる。彼らは、イヌに食われた死者は、あの世に行って、上等の犬橇とその装具を受取ることができる、と考えている。彼らが死者を小屋の中またはそのそばに放置するのは、人間を殺す悪魔が死者の死だけに満足して、残りの人に手をつけないようにするためである。しかしこの説明は、私にとっては真実らしくないように見える。というのは、死人の出た小屋は、そこに住んだ生き残りの人によって、そこから遠くはなれた場所に建てた新小屋に移住するまで、残されたからである。（生者を）守るべき死体は新しい場所に運ばれない。あるいは彼らは、死者が生者の守護役をつとめるのは、新しい小屋の建つまでと考えているのかも知れない。

カムチャダールは死者とともに、死者に属するワンピースや履物をすべて捨て去るが、しかし他の異教徒のように、来世において死者が身につけるためではなく、ただ恐怖のためである。彼らの考えでは、死者の持物を使う人は必ず死ぬことになっている。この点でとくに迷信深いのはクリルスカヤ・ロパートカ〔ロパートカ岬〕に住むカムチャダールである。彼らは、その品物がどんなに欲しくとも、それが死者のものであったことをきけば、決して手にとらない。したがって、彼らのところにドイツ製またはロシア製のラシャのワンピース、シャツその他を持ってきたコサックは、購買者を他の売手からひきはなすために、他の売手の商品が死者のものであったと言いふらしたのである。

葬式のあと、カムチャダールはつぎのようにして身を浄める。森からもってきた木枝で輪をつくり、二度ほどその中をくぐり抜けながら飛び、再び山へ運び、それを西方へ投げる。小屋から死者を引き出した人は、二羽の鳥をつかまえ、その一羽をまるまる焼きつくし、もう一羽を全住民に分けて、これを食べる。この浄めは埋葬と同じ日に行なわれる。それがなされるまでは、彼らは自らも小屋から出ず、また自らのところに招くこともしない。

追悼は、漁のとき獲った最初の魚の鱗と内臓を火中に投ずることをもって代える。

小児は、ふつうなんの儀礼もなしに木の幹に出来た空洞に葬られる。死者の哀悼は行なわれるが、しかし泣き叫ぶことはしない。

訳者解説

加藤九祚

『カムチャツカの住民』　この訳文はステパン・ペトロウィチ・クラシェニンニコフ Степан Петрович Крашенинников の不朽の名著『カムチャツカ誌』Описание земли Камчатки（一七五五年刊）の一部である。

　クラシェニンニコフの生涯の初期については、彼の父がピョートル一世の軍隊に属した軍人であったことがわかっているだけで、あとは一七三二年、彼が二一歳のとき、スラヴ＝グレコ＝ラテン・アカデミーの優秀な学生として科学アカデミーに派遣されて教育を受け、一七三三年八月、ベーリング探検隊所属の学者グループの一員としてシベリアにおもむいた。学者グループの中心人物はフランス人天文学者ド・ラ・クロイエル、ドイツから招かれた自然科学者ヨハン・グメリン、歴史学者ミュラーらの人びとで、ほかに測量、剝製などの技術者や画家のほか、クラシェニンニコフを含む五人の学生が含まれていた。

　クラシェニンニコフはグメリンとミュラーについて調査をしながら、現地で実物について講義をきいた。とくにグメリンに目をかけられたらしい。

　一七三七年一〇月、クラシェニンニコフは最優秀学生として、グメリンとミュラーの指示を受けて、学者としては単身カムチャツカに入った。オホーツク海からカムチャツカへ移動する途中、船に水が入って沈みかけたため、乗っていた人びとは荷物を一切捨てて、着のみ着のままで、ずぶ濡れで陸に上るという事件に遭遇した。彼のカムチャツカ調査生活は、一七三七年一〇月一四日から一七四一年六月一二日まで、三年七カ月と二八日であったが、生活の条件は困難を極めたようである。

クラシェニンニコフがカムチャツカを引き上げたのは、ゲオルク・シュテラーの指示によるもので、シュテラーはその後もカムチャツカにとどまって調査をつづけた。一七四三年、クラシェニンニコフは一〇年にわたるシベリア、カムチャツカ調査旅行の後、恩師のグメリンやミュラーらとともにペテルブルクに帰った。

シュテラーがカムチャツカからペテルブルクへ帰る途中の一七四六年一一月一二日チュメニ付近で不慮の死をとげたため、クラシェニンニコフは科学アカデミーから、シュテラーの遺稿をすべて利用して『カムチャツカ誌』を書くように指示された。『カムチャツカ誌』の初版に寄せたミュラーの序文によると、科学アカデミーはクラシェニンニコフとシュテラーの「二人の労作を一つに合わせる必要のあるにかんがみ、これに最も深く参画した人にこれを依頼することに決した」と書かれている。

一七四五年、クラシェニンニコフは科学アカデミーのアデュンクト（助教授）として植物園に派遣された。新しい任務のせいもあって、『カムチャツカ誌』の執筆は遅々としてすすまなかった。一七四七年彼は植物園長、一七四九年「アカデミー特別会議」の書記、一七五〇年アカデミーの教授（つまりアカデミク）となった。ついで大学の学長、アカデミー付属ギムナジウムの校長に任命された。

しかし彼の家族は多く、生活は苦しかった。このことは、彼がたびたび金銭上の願書を出したことによってうかがわれる。それらの願書は、ソ連科学アカデミーのアルヒフに現在も保存されている。

こうした無理がたたってか、彼は一七五五年二月二五日、四二歳で死んだ。『カムチャツカ誌』の校了の数日後のことである。したがって著者は生前に本書の完成をみることができなかった。

本書の成立の過程ではつぎのようなことがあった。一七五一年三月一日、科学アカデミー事務局によって『カムチャツカ誌』の原稿の再検討が指示された。これはミュラーらの学者によるものであるが、要するにシュテラーからの引用箇所をもっとはっきり示せ、というものであった。また挿図として、シュテラーの依頼によって画家ベルクハン Беркан（彼も調査団のひとりであった）が描いた画が加えられることになった。

クラシェニンニコフは執筆の過程でシュテラーの遺稿を綿密に分析し、いくつかの点でシュテラーの誤りを指摘した。これについてもミュラーは、そうした相違点をとくに列べる必要はないと注意した。またカムチャツカ旅行の目的、その経路を書き加え、付図をつけるように要望し、章立ての順序についても編者としての意見をのべた。クラシェニンニコフはこれらの注意にほとんどしたがったが、シュテラーとの相違点についてはミュラーの意見に同意しなかった。

それにしても、『カムチャツカ誌』は各章ごとに科学アカデミーの専門会議にかけられ、その都度大幅な加筆、削除、訂正を繰返したことが知られている。出版というものが今日のように容易な時代とはちがって、当時は書物になるということはたいへんなことであった。

『カムチャツカ誌』の初版は一七五五年になっているが、実際の刊行は一七五六年であった。テキストそのものは五五年であったが、序文と付図が五六年につけられたのである。第二版は一七八六年で、これは初版の版木がそのまま用いられ、寸分たがわないものになっている（この第二版は日本にも数部入っており、私も一部所有している）。第三版は若干の付録を加えて一八一八―一九年刊行された。一九四九年にはソ連科学アカデミーによって、詳細な註のほどこされた第四版が刊行された（これは、私の知る限りでは、国立国会図書館と国立民族学博物館などに入っている）。

つぎに本書の翻訳について一言しよう。最初の外国語訳は英語で、*The History of Kamtschatka and the Kurilski Islands.* Transl. by J. Grieve. London, 1764. として出版された。しかしこの訳書は抄訳でしかも誤りが多く、原典とはかなりちがうといわれる。とくに、このたび日本語訳で大部分紹介した第三章の民族学的部分は「ばかばかしい空疎な」ものとして、とくに短くされている。ところが、残念ながら、その後の多くの訳書はこの英訳本に基づいている。すなわち、一七六六年のドイツ語訳（一七八九年再版）、一七六七年と六八年のフランス語訳、一七七〇年のオランダ語訳がそうである。しかし一七六八年、フランスではシャップ・ドートロシュの翻訳によって本書のほとんど全訳が刊行された。このフランス語訳は一七七一年ライプツィヒで刊行された新しいドイツ語訳の基礎になっている。

日本では一八世紀末、蘭学者前野良澤がオランダ語訳から『カムチャツカ誌』の内容を要約して紹介している（これについては岩波新書の一冊『シベリアに憑かれた人々』を参照されたい）。

日本では、ロシア語の原書から『カムチャツカ誌』が翻訳されたことはまだない。一九六六年、金沢大学の佐口透教授を中心とした学術誌『北アジア民族学論集』（タイプ印刷）に二回にわたって、第三部の第一章から第六章までが、私の訳で掲載されたことがあるだけである。

今回の翻訳ももちろん全訳ではない。原書は四部に分かれ、第一部「カムチャツカと隣接国」、第二部「カムチャツカの長所と短所」、第三部「カムチャツカに住む住民」（全部で二一章）、第四部「カムチャツカの征服、各時代にそこで起きた蜂起、離反、ロシア人のオストログの現状」に分かれている。今回の翻訳は、このうち第三部の大部分である。

最後に、本訳書の底本について一言しなければならない。この訳書は一九四八年にシベリア学者のドゥミトラシュコ Н. В. Думитрашко とカマニン Л. Г. Каманин がクラシェニンニコフの原書に基づいて、現代ロシア語で記述し、国立地理文献出版所で刊行されたものに基づいている。しかしドゥミトラシュコとカマニンの現代ロシア語訳はその序文に、「クラシェニンニコフの著作を現代のロシア語で記述したが、可能な限り原著者の文章の全般的な構造をそこなわないようにつとめた。また本書では、クラシェニンニコフが用いた学術的テルミノロギーはそのまま残し、現代の用語に変えたのは例外的な場合に限った」とあるように、省略はあるが決して原著の内容をそこなうものではない。しかしやはり、底本がクラシェニンニコフ自身のオリジナルそのものでないことは確かで、いずれ別の機会に第四版と照合して定訳をこころみたいと考えている。

なお、『カムチャツカ誌』の諸版本についての見事な書誌学的論文が、私の尊敬する学兄、九州大学教授三上正利氏によってナウカ社の雑誌『窓』(一九七八年六月、二五号)に「クラシェニンニコフ著『カムチャツカ誌』の諸本」と題して発表されている。これには一九七二年アメリカで刊行された英訳本についてもくわしくふれられている。

『世界探検全集』の一冊である本巻の内容は、いずれも本邦初訳である。二冊とも、著者は一八世紀前半の大探検に加わり、困難な状況の中でこの記念碑的労作を残すことができた。デリル・ド・ラ・クロイエルのように、同じとき八年間シベリアにいても、ほとんどなにも残すことのできなかった人もいることを考えると、シュテラーやクラシェニンニコフの業績は偉大と言わねばならない。シュテラーの旅行記の訳については、加藤順、佐治芳造両氏の協力に深く感謝する。また、河出書房新社の千葉共栄氏はじめ、みなさまに心から感謝するものである。

一九七八年八月

ゲオルク・ヴィルヘルム・シュテラー（1709 – 1746）

ドイツ生まれの外科医。植物学への造詣が深く、1737年、ロシア科学アカデミーの推薦で、ベーリングの第二次カムチャツカ探検隊に博物学担当として参加、カヤク島、ベーリング島などの科学的観察に手腕を発揮した。また、カムチャツカの調査、680種にも及ぶロシアの植物の分類・整理に専念するなど、ロシアの学術向上に大きく貢献した。

加藤九祚（1922 – 2016）

朝鮮生まれ。上智大学文学部卒。1945年から1950年にかけてシベリアで抑留生活を体験した。平凡社勤務・上智短期大学助教授を経て、1975年4月より国立民族学博物館に勤務。著書に『シベリアの歴史』（紀伊國屋新書）、『シベリアに憑かれた人々』（岩波新書）、『ユーラシア文明の旅』（新潮選書）、『天の蛇――ニコライ・ネフスキーの生涯』（河出書房新社）などがあり、訳書に『湖底に消えた都』など多数ある。

[監修] 井上靖・梅棹忠夫・前嶋信次・森本哲郎

[ブックデザイン] 大倉真一郎
[カバー装画・肖像画・地図(見返し)] 竹田嘉文
[編集協力] 清水浩史

本書は『世界探検全集4 カムチャツカからアメリカへの旅』（1978年、小社刊）にナビゲーションを加え復刊したものです。本書には、今日の人権意識では不適切と思われる表現が使用されています。しかし、差別助長の意図がなく、資料的・歴史的価値が認められること、および著者が故人であるため表現の変更ができないことを考慮し、発表時のままといたしました。また、地名・人名をはじめとする固有名詞や用語に関しては、当時と現在とでは呼称に一部相違があるものの、前掲の事情を考慮して発表時のままといたしました。（編集部）

REISE VON KAMTSCHATKA NACH AMERIKA MIT DEM COMMANDEUR-CAPITÄN BERING
by Georg Wilhelm Steller, 1793
ОПИСАНИЕ ЗЕМЛИ КАМЧАТКИ
by Stepan Krasheninnikov, 1755

世界探検全集 04
カムチャツカからアメリカへの旅

2023年8月20日　初版印刷
2023年8月30日　初版発行

著　者　ゲオルク・ヴィルヘルム・シュテラー
訳　者　加藤九祚
発行者　小野寺優
発行所　株式会社河出書房新社
〒151-0051
東京都渋谷区千駄ヶ谷2-32-2
電話 03-3404-1201（営業）
03-3404-8611（編集）
https://www.kawade.co.jp/

印　刷　株式会社亨有堂印刷所
製　本　加藤製本株式会社

Printed in Japan
ISBN978-4-309-71184-3

01 東方見聞録　マルコ・ポーロ　青木富太郎（訳）

02 三大陸周遊記　イブン・バットゥータ　前嶋信次（訳）

03 アジア放浪記　フェルナン・メンデス・ピント　江上波夫（訳）

04 カムチャツカからアメリカへの旅　ゲオルク・ヴィルヘルム・シュテラー　加藤九祚（訳）

05 ニジェール探検行　マンゴ・パーク　森本哲郎・廣瀬裕子（訳）

06 アマゾン探検記　ウィリアム・ルイス・ハーンドン　泉靖一（訳）

07 天山紀行　ピョートル・セミョーノフ＝チャン＝シャンスキイ　樹下節（訳）

08 アフリカ探検記　デイヴィッド・リヴィングストン　菅原清治（訳）

09 黄河源流からロプ湖へ　ニコライ・プルジェワルスキー　加藤九祚（訳）

10 世界最悪の旅　アプスレイ・チェリー＝ガラード　加納一郎（訳）

11 恐竜探検記　ロイ・チャップマン・アンドリュース　斎藤常正（監訳）　加藤順（訳）

12 ゴビ砂漠探検記　スウェン・ヘディン　梅棹忠夫（訳）

13 中央アジア自動車横断　ジョルジュ・ル・フェーヴル　野沢協・宮前勝利（訳）

14 コン・ティキ号探検記　トール・ヘイエルダール　水口志計夫（訳）

15 エベレスト登頂　ジョン・ハント　田辺主計・望月達夫（訳）

16 石器時代への旅　ハインリヒ・ハラー　近藤等・植田重雄（訳）

Reise von Kamtschatka nach Amerika mit dem Commandeur-Capitän Bering

Georg Wilhelm Steller

ェフ海
東シベリア海
ヤナ川
インディギルカ川
コリマ川
オモロン川
アナディル川
北極圏
アラスカ
ユコン川
ヤクーツク
オホーツク
カムチャツカ半島
ベーリング海
カヤク島
ベーリング島
オホーツク海
アレウト列島
ボリシェレック
ペトロパヴロフスク
ロパートカ岬
アワチャ湾
朝鮮
日本
太平洋
北回帰線
フィリピン群島

1738～46年における
シュテラーの旅行路

凡例
旅行経路（陸）
航路（海）